Les trois exils
Juifs d'Algérie

Benjamin Stora

Les trois exils
Juifs d'Algérie

Stock

Un ordre d'idées
Collection dirigée
par Nicole Lapierre

Les deux premières photographies publiées dans le texte appartiennent à Benjamin Stora, la troisième est reproduite avec l'aimable autorisation de Pierre Domenech.

ISBN : 978-2-2340-5863-7

© Éditions Stock, 2006

À mes parents

Retours

Aujourd'hui, l'image des « séfarades » en France est volontiers associée à celle des juifs[1] tunisiens du film *La vérité si je mens* arpentant les planches de Deauville ou s'affairant dans le quartier du Sentier. Clichés, bien sûr, qui confortent cependant l'idée que cette population vient essentiellement de Tunisie ou du Maroc... Mais où sont les juifs d'Algérie ? Leur « invisibilité » dans la société française est frappante. C'est tout juste si l'on remarque, lors d'un décès, que telle ou telle personnalité est née là-bas, comme ce fut récemment le cas pour Jacques Derrida.

Cette invisibilité s'explique en partie par le fait que, dans le paysage culturel et politique français d'après 1962, ils se sont fondus dans la masse des Européens jetés dans l'exode au moment de l'indépendance algérienne. Comme d'autres Français d'Algérie originaires d'Espagne ou d'Italie, ils se

---

1. Il y a un débat récurrent sur le fait de mettre ou non une majuscule au mot « juif ». La majuscule se réfère à un peuple, la minuscule à une religion. L'une et l'autre peuvent se justifier. Ici, dans la mesure où il s'agit d'une histoire concernant les relations entre la communauté juive, les musulmans et les catholiques européens dans l'Algérie coloniale, la minuscule a semblé préférable.

présentaient (et étaient présentés) comme des « pieds-noirs », vivant entre le chagrin de la terre perdue, le mythe colonial de l'Atlantide engloutie et la fidélité aux traditions religieuses. Ils n'ont donc pas émergé comme communauté spécifique, au même titre que les juifs du Maroc ou de Tunisie[1]. Il n'existe pas, par exemple, d'associations de juifs originaires de toute l'Algérie, mais seulement quelques « amicales » rassemblant des anciens de tel ou tel bourg ou ville. Quant à leur histoire, elle n'a pas fait vraiment l'objet d'un traitement important et particulier dans le domaine des études consacrées à l'Algérie contemporaine[2]. L'absence complète de liens entre cette communauté et l'État algérien depuis l'indépendance, à la différence de ce qui s'est passé pour la communauté marocaine, a également pesé sur la fusion avec les autres « pieds-noirs » et sur la séparation radicale d'avec la terre d'origine où les liens sont très anciens.

Les juifs sont pourtant « algériens » parce que attachés, associés, liés à l'histoire de cette terre du Maghreb central baptisée plus tard Algérie. Ils partagent avec l'ensemble de la communauté juive la mémoire d'exil de Judée après la destruction du Temple de Jérusalem et l'établissement d'une diaspora autour de la Méditerranée. Ils partagent avec les musulmans un autre exil, celui du départ d'Andalousie de 1492 qui a mis fin à la Reconquête.

---

[1]. Et pourtant, selon la grande enquête effectuée sous le direction du Fonds social juif unifié, en 2002, « parmi ceux qui sont nés en métropole, la plus forte communauté est celle des juifs nés en Algérie (20,8 %) ; viennent ensuite les communautés originaires du Maroc (11,2 %), et de Tunisie (10,6 %) », in *Les Juifs de France, valeurs et identités*, sous la direction d'Érik H. Cohen, Paris, Éditions FSJU, 2002, p. 6.

[2]. Voir bibliographie en fin de volume, en particulier les travaux pionniers d'André Chouraqui, Jean Laloum, Yves-Claude Aouate ou Richard Ayoun.

Des juifs sont établis sur cette terre du Maghreb depuis plusieurs siècles quand Phéniciens et Hébreux fondent Annaba, Tipasa, Cherchell, Alger[1]. Les premiers, *cohanims* (de la tribu de Cohen), sont peut-être ceux qui se sont installés dans l'île de Djerba au sud de l'actuelle Tunisie[2]. Les autres se mêlent aux Berbères de l'intérieur du pays qu'ils convertissent, formant ainsi des tribus judaïsées dont l'une sera dirigée quelques siècles plus tard par la Kahéna, cette femme des Aurès morte les armes à la main à la fin du VIIe siècle après un combat contre les cavaliers arabes[3]. Au cours de ce même VIIe siècle, des juifs yéménites, irakiens et syriens s'introduisent au Maghreb avec les guerriers prosélytes de l'islam.

Bien avant l'arrivée de la religion chrétienne, le Maghreb est donc une terre où la religion juive est largement représentée. Les conversions massives de tribus berbères au christianisme, puis l'arrivée de l'islam, vont diminuer l'influence du judaïsme sans jamais le supprimer. Composante religieuse minoritaire du Maghreb, les juifs vont traverser cinq siècles d'islamisation sans disparaître. S'ils souffrent sous la dynastie des Almohades (massacre des juifs de Marrakech en 1232), ils continuent néanmoins à vivre sur une terre musulmane qui les tolère parce qu'ils font partie des « gens du Livre », alors que l'ennemi est avant tout le

---

1. La présence juive en Berbérie centrale commence au XIe siècle av. J.-C. au moment où Phéniciens et Hébreux installent des comptoirs sur le pourtour méditerranéen. Présence renforcée par la suite par des contingents venus de Palestine fuyant le despotisme de Sesac Ier (empereur égyptien, 950 av. J.-C.) puis celui de Titus (empereur romain, 40-81) qui, en 70, détruisit Jérusalem.

2. Leurs descendants vivent toujours sur l'île et leur synagogue, la Ghriba, fait l'objet, aujourd'hui encore, d'un grand pèlerinage trente-trois jours après la Pâque juive.

3. Les Arabes mettent cinq années à mater la rébellion. Après une dernière bataille à El Djem (située dans l'actuelle Tunisie), ils exécutent la Kahéna et envoient sa tête au calife de Damas.

chrétien venant du Nord. Ces juifs berbères découvriront aux XIVe et XVe siècles les juifs d'Espagne, séfarades expulsés par l'édit wisigoth de 1391, puis celui de 1492 des très catholiques maisons d'Aragon et de Castille qui prononcent un énième anathème bannissant juifs et musulmans du royaume hispano-portugais et instituent l'Inquisition. Ainsi, de 1492 à 1497, fuyant l'Inquisition espagnole, les juifs affluent vers l'Afrique du Nord mais aussi vers la « sublime porte » ottomane qui les accueillera à bras ouverts.

Sous la régence turque d'Alger (de 1529 à 1830), des juifs livournais (Italie), surnommés aussi « juifs francs » parce que francisés et bénéficiant de la protection du consul de France, s'installent dans les villes du littoral algérien pour participer aux échanges commerciaux entre l'Afrique et l'Europe [1]. Signe d'intégration, les juifs algériens, *dhimmis*, « sujets protégés » en terre d'islam, adoptent la langue arabe alors que certaines tribus berbères musulmanes ne la parlent pas. Toutes ces influences ne seront effacées qu'en apparence. Longtemps, de nombreux traits communs perdureront, aussi bien dans le judéo-arabe (langue arabe aux tournures spécifiques parlée par les juifs du Maghreb) que dans l'habillement, les parures ou la vénération des saints hommes.

Trois exils

Profondément enraciné, le destin maghrébin des juifs va pourtant basculer avec l'arrivée des Français.

---

[1]. Le dernier grand mouvement migratoire juif vers le Maghreb se produira en 1870. Les juifs ashkénazes craignant la souveraineté prussienne sur la province fraîchement annexée de l'Alsace-Lorraine élisent domicile en Algérie.

Par le décret Crémieux de septembre 1870 leur donnant automatiquement la nationalité française, les juifs d'Algérie ont connu un *premier exil*, celui qui les a séparés des autres «indigènes», les musulmans. Cette rupture d'une vieille tradition liée à la terre d'Algérie s'est traduite en premier lieu par une perte progressive de la langue arabe. Ils apprennent le français et l'histoire de France en tenant graduellement à l'écart leur héritage hébraïque et arabe, et sont entraînés sur la voie de l'assimilation républicaine.

Lors de l'insurrection algérienne de novembre 1954 décidée par le FLN, seul un groupe de «juifs algériens», dont le texte est reproduit par la presse du FLN en 1957, préconisera le retour à leur communauté d'origine : «Pouvons-nous renier nos noms qui sont en général des noms arabes? Devons-nous refuser de comprendre nos parents qui sont attachés à des coutumes, des traditions, une musique algériennes? Alors que les tombes de nos ancêtres sont en Algérie depuis des millénaires, préférerions-nous devenir ailleurs des étrangers?» Mais, pour l'immense majorité des juifs d'Algérie, le temps de l'assimilation a accompli son œuvre, le retour en arrière est désormais impossible. Le judaïsme d'Algérie reste certes ancré dans sa tradition religieuse, mais exprime son attachement indéfectible à la République française devenue une véritable «Terre promise». Le choc sera d'autant plus violent quand elle va se révéler «terre marâtre».

Le régime de Vichy, qui abolit dès octobre 1940 le décret Crémieux, conduit les juifs d'Algérie vers un *deuxième exil*, cette fois hors de la communauté française. Cette exclusion va les marquer profondément. L'ampleur du traumatisme est à la mesure de leur assimilation, comme en témoignent notamment les réflexions de Jacques Derrida, Jean Daniel ou Hélène Cixous.

Le *troisième exil* commence à l'été 1962. La « sortie » d'Algérie, qui les arrache définitivement à une longue histoire, n'est ni une fuite honteuse hors de la terre des ancêtres, ni une migration sans projet défini. Français depuis près d'un siècle, ils vivent cette citoyenneté comme une émancipation. Les Algériens musulmans en guerre pour leur indépendance, en appelant ces autres « indigènes » à les rejoindre, ne l'ont pas compris. Leur surprise sera grande, on le verra, au moment du départ massif des juifs en 1962.

En moins d'un siècle, de 1870 à 1962, les juifs d'Algérie se sont donc déplacés trois fois : hors de la tradition juive en terre d'islam, hors de la communauté française de 1940 à 1943, hors de la terre algérienne en 1962. Exil intérieur, exil extérieur qui les ont conduits à se dégager d'un monde ancien, à se libérer, mais aussi à se protéger. Nous allons donc suivre le « passage » (en hébreu « Pessah ») de cette communauté d'un état à un autre, d'un monde à l'autre, afin de comprendre pourquoi ce groupe singulier a massivement été vers la France plutôt que vers Israël à l'heure du choix décisif. Après l'instauration du décret Crémieux en 1870, comme après son abrogation en 1940, il lui a fallu, chaque fois, composer avec la société coloniale, reconstruire un imaginaire liant l'attachement passionné à la République française avec le maintien des traditions religieuses.

Longtemps mêlés au petit peuple «pied-noir» qui s'établit en France, les juifs d'Algérie commencent aujourd'hui à manifester la singularité de leur histoire. Il fallait que le souvenir de ce pays, autrefois colonie, revienne dans les mémoires collectives françaises, en particulier à travers la terrible «seconde guerre d'Algérie» et son cortège d'exactions sanglantes, pour que s'opère un début de distinction entre les différents groupes qui ont traversé la longue histoire de l'Algérie française. Il fallait aussi que les enfants ou petits-enfants questionnent leurs aînés de manière plus attentive et sérieuse pour que soient réexaminés les héritages d'une identité mixte, hybride, fuyante, brisée. Il fallait enfin que le modèle républicain de la France en ce début de XXIe siècle entre en crise pour que cette expérience à la fois unique et originale d'une judéité très républicaine et attachée à son identité religieuse suscite l'intérêt.

Parallèlement à l'éveil des mémoires, le travail de l'historien est alors indispensable pour rentrer plus avant dans la connaissance de la colonisation qui a divisé les communautés indigènes, émancipant les unes au détriment des autres. Replacés dans leur contexte, liés à d'autres, les événements et les textes illuminent sans fard ni simplification, jusque dans leur style et leur vocabulaire parfois ardus, les mentalités d'autrefois (notamment l'antisémitisme européen si puissant dans l'Algérie coloniale) et tout ce que l'on souhaite aujourd'hui retrouver de ce passé si peu étudié. Cette connaissance de l'histoire coloniale est de plus en plus nécessaire si l'on veut comprendre les spasmes qui agitent la France contemporaine. Car il y a encore à présent comme une ombre portée de cette époque sur notre société. En témoignent, entre autres, les querelles sur la fameuse loi du 23 février 2005 vantant les « aspects positifs de la présence française ».

Retour de la question juive, retour de la nécessité de l'Histoire, retour du passé colonial dans la société française... Tous ces « retours » ne pouvaient pas, pour ce qui me concerne, s'accomplir sans un retour physique au pays qui avait vu naître mon père, dans les Aurès, à Khenchela.

Khenchela

Khenchela est un lieu mystérieux de mon enfance où ma sœur allait chaque été, et moi jamais. Dans ce berceau séculaire de la famille de mon père, un gros bourg, chaud du printemps à l'automne, que j'imaginais froid à cause de la montagne toute proche, mes grands-parents, comble de l'aisance, de puissance et de modernité, possédaient un cinéma. La description que faisaient ma sœur et mes tantes de la maison du grand-père est restée vive, énigmatique et captivante, comme celle d'un paradis interdit. Il faut dire qu'avec la guerre d'Algérie, les routes de cette région des Aurès étaient devenues particulièrement dangereuses.

En novembre 2004, je suis allé pour la première fois à Khenchela avec mon fils Raphaël. J'ai découvert cette ville de l'Est algérien entre le massif des Aurès et le plateau des Nementchas, dans ce qui, au fil du temps et de l'exil, est devenu pour nous le creuset des origines. Cinquante ans tout juste après le début de la guerre d'Algérie, je voulais également voir l'endroit où les premiers coups de feu avaient été tirés contre les Français [1].

Le cinéma n'existait plus, la synagogue avait disparu, mais nous avions pu entrer dans l'une des anciennes maisons familiales. J'y ai rencontré un vieil homme fatigué, malade, ému, qui avait été à l'école primaire avec mon père. Et puis, j'ai écouté un ancien militant indépendantiste des années cinquante expliquer devant une foule de jeunes médusés [2] comment le frère de mon grand-père, Élie Stora, alors adjoint au maire de la ville, avait sauvé de la mort des Algériens arrêtés par des parachutistes français en 1957. Nous nous sommes aussi attardés dans le vieux cimetière juif. Cherchant sur les tombes écroulées le nom de mes ancêtres, j'arpentais cet espace désolé, à moitié détruit, où se dressaient quelques colonnes, tandis que d'autres gisaient, brisées, mangées par les broussailles. Je mesurais là, comme à chacune de mes visites dans les cimetières de ce pays, l'effacement d'une histoire, celle d'une des plus vieilles communautés juives du Maghreb... Difficile, entre ces ruines, de ne pas succomber à une méditation morose et un peu vaine.

Raphaël, lui, ne s'intéressait guère aux vieilles pierres, même s'il était sensible à l'émotion de son père. Pendant notre séjour, il a surtout observé les

---

1. En 1954, Khenchela est une petite ville de 11 000 habitants, occupant une position stratégique dans la guerre d'Algérie qui commence. La ville se trouve en effet au débouché du passage qui s'ouvre entre le massif des Aurès et le plateau des Nementchas.
2. La plupart des jeunes Algériens nés après l'indépendance de 1962 ignorent souvent tout de la longue présence juive en Algérie.

jeunes Algériens, leurs attitudes, leurs vêtements, leur façon de parler. Son regard et ses silences me disaient que cette histoire était déjà lointaine. Khenchela, haut lieu du souvenir familial, s'effaçait derrière une autre réalité.

L'idée de ce livre a pris corps au cours de ce voyage, comme une tardive évidence. Depuis des années, j'explore en effet les continents compliqués du monde colonial, je circule entre les communautés, à l'écoute des acteurs d'un drame situé à la périphérie de l'histoire française. Après avoir étudié si longtemps l'histoire de l'Algérie, pourquoi ne pas mener une recherche sur sa composante juive, à partir de l'histoire de ma propre famille ? Car à travers la saga des Stora et des Zaoui, bijoutiers de Constantine installés bien avant la présence française, se révèle le devenir d'une communauté dans sa diversité, au gré des passions, des affrontements, des convivialités, des échanges entre juifs et musulmans. Un devenir ponctué de bonheurs et jalonné d'arrachements.

Les photographies elles aussi en témoignent. J'en ai choisi et commenté trois qui introduisent chacune des parties de ce livre. Deux photos de famille, prises l'une en juin 1914, l'autre en 1938, la troisième étant une image d'archives du véritable exode que fut le départ des juifs d'Algérie en 1962.

Trois photos pour trois exils, c'est le fil de ce propos.

Les archives utilisées

Ce travail s'appuie sur des sources privées et des documents peu ou pas exploités jusqu'ici. Dans le

Centre des archives d'outre-mer (CAOM) à Aix-en-Provence, où est entreposé l'essentiel des archives sur l'Algérie au temps de la colonisation française, se trouvent des matériaux précieux sur la période de Vichy. Ils font partie des archives du « service des questions juives et des sociétés secrètes ». Sur une décision du préfet de Constantine, Louis Valin, en date du 20 janvier 1942, avait été créé un service centralisant les documents relatifs à la vie des juifs d'Algérie et des francs-maçons, afin d'exercer une surveillance étroite sur l'application des divers règlements et statuts concernant surtout les premiers, de recenser les professions interdites et de fournir des directives précises aux agents de l'administration. Les archives de ce service, qui traitent principalement de la période allant de l'abrogation du décret Crémieux le 7 octobre 1940 à son rétablissement à la fin de l'année 1943, avaient été pour la plupart détruites sur ordre de l'administration du gouvernement de la France libre établi à Alger à partir de mai 1943. Mais, par on ne sait quelle « maladresse » ou dysfonctionnement, des liasses sont restées pour ce qui concerne le département de Constantine, au plus grand bénéfice du chercheur, qui peut ainsi explorer davantage encore la période de Vichy en Algérie[1]. Comme le note dans son introduction André Brochier, qui en a établi le répertoire numérique détaillé, « en l'état de nos connaissances actuelles, il est fort possible que ce versement des archives d'un service préfectoral algérien des "questions juives et des sociétés secrètes" soit le seul qui nous soit parvenu ».

---

1. Sur cette période, Henri Mselatti, *Les Juifs d'Algérie sous le régime de Vichy*, Paris, L'Harmattan, 1999 ; Jacques Cantier et Éric Jennings, *L'Empire colonial sous Vichy*, Paris, Odile Jacob, 2004 ; Jacques Cantier, *L'Algérie sous le régime de Vichy*, Odile Jacob, Paris, 2002.

De l'exploration de ces archives des «Questions juives et des francs-maçons» du Constantinois, le lecteur sort profondément troublé. Des formulaires permettant un fichage, des fiches de renseignements, des questionnaires très précis, des rapports sur l'«aryanisation des biens juifs» : quand la reconstitution d'un univers s'opère à partir de telles sources, on mesure combien l'État de droit s'est affaibli jusqu'à disparaître. En suivant pas à pas les méandres d'une juridiction d'exception, on découvre une gigantesque opération policière de surveillance et de mise à l'écart de toute une population. Dans le maelström des faits, ces documents laissent percevoir les mille petits détails de la vie en situation d'exception. Et ce n'est pas sans une certaine émotion que j'ai approché là de près l'expérience de ma propre famille, à Khenchela comme à Constantine. Derrière la brutalité des rapports et des directives se devinent les peines et les chagrins d'un monde dans l'épreuve, un univers contrasté peuplé de personnages très divers, où les frontières spatiales et sociales sont bien délimitées.

Ce travail s'appuie également sur un corpus jamais étudié : la collection du *Bulletin de la Fédération des Sociétés juives* qui rendait compte de l'activité des principales associations juives d'Algérie, civiles ou religieuses, de 1934 à 1947. En 1935, la Fédération des Sociétés juives de France comptait environ 15 000 familles recrutées aussi bien parmi les citoyens d'origine française que les naturalisés de différentes nationalités[1]. Son bulletin mensuel

---

1. Le procès-verbal de la réunion du 29 octobre 1935 donne le nom de ses principaux dirigeants. «Séance ouverte sous la présidence de E. Mesguich, président. Sont présents : Mmes Stora-Sudaka, Meyer, Eisenbeth; MM. Eisenbeth, grand rabbin, Sultan, Hayoun, Smadja, Soussy, Hadjaj, Scebat, Acrif et Élie Gozlan. Excusés : MM. Albert Lelouch et Bensimon.»

consigne de manière très précise l'activité de la communauté juive d'Algérie : notes sur les manifestations religieuses et sociales, récits de réunions au moment du Front populaire, comptes rendus d'audience des procès des émeutiers d'août 1934 à Constantine, motions de protestation après l'abrogation du décret Crémieux, textes sur les relations avec la Palestine et Israël, exposés sur l'histoire juive, notices nécrologiques détaillées de responsables communautaires, reproductions de discours prononcés au cours de manifestations politiques, etc. Ce bulletin est une véritable mine d'informations pour qui veut comprendre de l'intérieur la communauté juive d'Algérie[1].

Par ailleurs, pour ce qui concerne la vie religieuse, j'ai eu la chance de découvrir, lors d'un séjour à Jérusalem en mars 2005, un document inédit et ronéotypé de quatre-vingts pages qui est le compte rendu de la réunion de rabbins originaires d'Algérie du 5 juillet 1986 en Israël. On peut y lire les interventions de René-Samuel Sirat, alors grand rabbin de France ; Itzhak Zerbib, grand rabbin d'Algérie au grand rabbinat d'Israël ; Emmanuel Chouchana, membre du tribunal rabbinique et directeur du séminaire rabbinique en Israël ; Daniel Ghenassia, doyen des rabbins d'Israël ; Avraham Hazan, aumônier général des prisons.

Enfin, parmi les sources familiales, documents ou photographies, il y a aussi les récits, tel ce texte de ma mère recueilli avant son décès par Leïla Sebbar. Il revient au fil de ce livre, comme une trace et un hommage.

---

1. Je remercie M. Francis Parienty qui m'a permis d'accéder à cette collection, essentielle, de journaux.

PREMIER EXIL

La séparation

Nous sommes en juin 1914, à quelques semaines de la fin d'un monde et du début de la Première Guerre mondiale. La photo a été prise en studio chez le photographe. La famille devait se rendre à Alger pour le mariage d'un cousin, événement d'importance qu'il fallait immortaliser.

Si le temps colonial a accompli son œuvre de métamorphose, de confusion et d'effacement, la photographie, elle, fait renaître un monde lointain dont on ne peut déchiffrer les codes que grâce à un examen attentif des costumes.

Au centre, mon grand-père, Benjamin Zaoui, le père de ma mère, seul personnage assis. À sa gauche se tient sa femme Rina Zerbib et sa petite sœur **Ninette** ; à sa droite, le père de ma grand-mère (mon **arrière-grand-père**) puis ses frères, l'un vêtu « à l'indigène », l'autre, Ruben, « à l'européenne », ainsi que sa fiancée Eugénie. Deux univers sont ainsi juxtaposés : celui d'avant et celui d'après le décret Crémieux. Les habits ottomans des personnages, comme ceux de mon grand-père et de son père, disent le temps d'avant la présence française alors que les deux fiancés représentent celui de la colonisation française.

Il ne s'agit ni de déguisements ni de vêtements de scène. Mon grand-père et son père avaient décidé de revêtir ces costumes d'« indigènes algériens » pour immortaliser le moment de ce voyage extraordinaire qui les transportait de Constantine à Alger. Ils portent les escarpins, le sarouel, l'écharpe qui retient le pantalon, le gilet à boutons et, sur la tête, le « kébous » pour l'un, le « chèche » pour l'autre. Ma grand-mère est en vêtement d'apparat : caftan, gilet brodé, manches tombantes, ceinture ornée de deux gros louis d'or, cône sur la tête, bracelets d'argent, épingle pour fermer le gilet et le collier d'or. Elle arbore de beaux bijoux bien travaillés car mon arrière-grand-père maternel, Amar Zaoui, tenait l'une des plus grandes bijouteries de Constantine, place des Galettes. Nulle insouciance ne se dégage des personnages, mais au contraire une gravité dans l'affirmation de leur identité algérienne. La petite Ninette, elle, est habillée comme une fillette française, tels Eugénie et Ruben vêtus de façon « moderne ». Ruben ne sait pas que dans quelques semaines il mourra au front.

Il y a dans cette photo une certaine « étrangeté française ». Tous ces personnages ont sans doute conscience de n'être pas tout à fait des Français comme les autres. La présence coloniale est en effet propice au port de vêtements multiples. Camouflage auquel se sont facilement soumis les jeunes, qui ont adopté le nouveau code vestimentaire venu de la métropole, en gardant jalousement, en contrepoint de cet abandon rapide du vêtement algérien, leurs traditions religieuses.

Cette image révèle aussi la naissance d'une nouvelle catégorie de «Français juifs» qui ont connu, comme l'a si bien dit André Chouraqui, «une enfance judéo-arabe, un âge d'homme français».

La situation à la veille de la conquête française

Lorsque les premiers Français débarquent dans la baie de Sidi Fredj (Sidi-Ferruch), les juifs d'Algérie sont près de 25 000 dans tout le pays (il y a alors 80 000 juifs au Maroc et 20 000 en Tunisie). Ils relèvent du *hakem el blad* (chef de la ville) qui les administre par le biais de leur *mokaddem* (préposé). Leur manière de s'habiller ne diffère apparemment pas tellement de celle des musulmans : la chéchia pour les hommes, le haïk sans le voile (*el adjar*) pour les femmes. Mais on verra qu'à certaines époques le statut de *dhimmi* (sujet protégé en terre d'islam) leur a imposé de strictes tenues vestimentaires. Dans chaque ville, ils disposent d'un espace spécifique (*hara*). À Alger, ils résident dans les quartiers de Bat Azzoun, à El Biar et à Bouzaréah, à Bab el Oued où ils sont tailleurs, bijoutiers en corail, orfèvres, frappeurs de monnaies. À Constantine, ils habitent d'abord Bab el Djabia avant d'aller s'installer à Souk el Asser et El Kantara du temps de Salah Bey.

Ils sont organisés en « nation juive » sans véritable unité car chaque communauté locale, indépendante et refermée sur elle-même, possède son organisation, ses chefs et ses coutumes. Leur destin s'inscrit dans une histoire plus vaste, celle du judaïsme méditerranéen, des juifs espagnols et judéo-arabes, des judéo-berbères, ceux que l'on appelle des *Mustaarazim*. La plupart sont très pauvres et vivent dans des conditions exécrables. Toutefois, il ne faut pas confondre ce peuple misérable avec les juifs francs, en particulier ces juifs livournais qui jouissaient, eux, sous la protection d'un consul, de toutes les prérogatives des Européens.

Depuis le milieu du XVIe siècle (1555), l'espace algérien est sous l'administration ottomane, dernière représentante historique de la civilisation musulmane. À la veille de l'arrivée des Français, la régence turque d'Alger, secouée par les convulsions d'un Empire ottoman décadent, est en pleine crise. Les fonctionnaires turcs (deys, beys), avec l'aide des janissaires (caste de fantassins), tiennent d'une main de fer le peuple algérien et particulièrement sa minorité juive qui, sous une apparente homogénéité, comprend deux composantes bien différentes. Les *megorashim* (littéralement en hébreu « ceux de l'extérieur »), descendants de la bourgeoisie hispano-portugaise, occupent jalousement, avec le lignage livournais, les hautes sphères de la société. Concentrés dans les grands centres urbains de la côte algérienne comme Alger ou Oran, ils s'illustrent dans les échanges transméditerranéens, la revente de captifs ou le commerce de nourriture. Personnages très influents, hommes de confiance, ils se mêlent étroitement par la voie du commerce et des finances aux intrigues de la diplomatie internationale. Grands marchands privilégiés, les *megorashim* disposent d'une clientèle prestigieuse composée de personnalités puissantes (deys, beys, diplomates, consuls, ministres, députés, sénateurs...) dont ils sollicitent les faveurs. Très imprégnés de cultures occidentales, souvent polyglottes en français, espagnol, anglais, italien, hébreu, arabe ou turc, ils sont sensibles aux courants venant de l'Europe, particulièrement aux Lumières de la grande Révolution française, et multiplient les interventions auprès des puissances européennes, notamment la France et la Grande-Bretagne, pour l'amélioration du sort de leurs coreligionnaires. Précurseurs de l'« émancipation », cette caste minoritaire et fortunée installée au sommet de la pyramide sociale a laissé à la postérité les noms de grandes familles, tels les Douran, Bacri, Busnach, et les Stora[1]...

Les *toshavim* (« indigènes ») forment la masse du judaïsme algérien. Ils vivent pieusement, dans une frugalité extrême et exercent pour la plupart un négoce de proximité. Ils sont boutiquiers dans la confection, la bonneterie, la mercerie ou pratiquent les métiers de l'artisanat comme la cordonnerie, le colportage, l'orfèvrerie. Agrégats de populations d'origines diverses (Berbères judaïsés,

---

1. Les Stora sont issus, selon la transmission de ma famille, d'une fille du rabbin Isaac Bar Checheth, dit Barfat, plus connu sous l'abréviation de Ribach, qui appartient à l'élite des rabbins de l'Andalousie. Ribach (1329-1408), selon de nombreuses sources juives, a imposé son autorité et ses réformes aux communautés d'Alger et de ses environs.

juifs espagnols, orientaux...), ils sont installés indifféremment dans les villes du littoral ou dans celles de l'intérieur du pays, notamment à Constantine, où demeure la plus importante communauté, mais aussi dans les petites bourgades. Comme l'explique le rabbin Hazan : « Une chose est particulière à l'Algérie, et n'existe ni en Tunisie ni au Maroc, ce sont toutes ces petites communautés qui se trouvaient dans de petites villes. Je peux vous donner le cas de Cherchell où j'ai grandi. Nous étions à peine une dizaine de familles juives. Il y avait quand même un rabbin et un Talmud Thora (école religieuse) et quand on avait besoin d'un Mohel (circonciseur), on le faisait venir de Blida ou d'Alger. Quand nous étions tous à la synagogue, nous étions vingt ou vingt-cinq, pas plus. Nous pratiquions le culte de manière naturelle, on ne se posait même pas la question [1]. »

Les *toshavim* ont un mode de vie traditionnel mêlant le judaïsme et la culture arabo-berbère très imprégnée du mysticisme de l'islam. Ils ont intégré dans leur schéma de pensée des croyances et des coutumes analogues à celles de leurs voisins musulmans avec lesquels ils ont vécu très longtemps. Ils parlent d'ailleurs aisément le turc, l'arabe et le berbère.

Même si un fossé sépare les *toshavim* des *megorashim*, une fraternité confessionnelle les rapproche, tout comme d'ailleurs leurs aspirations au changement. C'est pourquoi il est possible de définir le

---

[1]. Intervention du grand rabbin Avraham Hazan, né à Cherchell, aumônier des prisons, Colloque sur le judaïsme algérien, Université Ben-Gourion, 5 juillet 1986, document ronéo, p. 31.

judaïsme algérien par-delà les clivages socioculturels comme un ensemble relativement homogène.

En marge de cette société, des juifs nomades tirent leur subsistance de l'agriculture et de la garde des troupeaux. Isolés des Aurès au Mzab (Laghouat, Ghardaïa, Batna), ils se confondent avec les Arabo-Berbères et vivent dans un syncrétisme judéo-musulman.

Sous la régence turque, les juifs d'Algérie bénéficient, au même titre que les chrétiens des pays islamisés, du statut de *dhimmi* élaboré par la convention d'Omar II au VIIIe siècle[1]. Ce contrat (*dhimma*) exclusif aux religions révélées (judaïsme, christianisme), indéfiniment reconduit, accorde hospitalité et protection, à condition que soit respectée la domination de l'islam. Les *dhimmis* sont dans une situation d'infériorité juridique et sociale. Les principes fondamentaux de ce statut comportent à la fois des lois protectrices et des interdits discriminatoires. Ainsi, afin que les juifs soient reconnaissables, on leur impose un costume. Il leur est interdit de porter des vêtements de couleur verte (réservée aux descendants du Prophète) ou rouge (couleur de l'étendard turc). La chéchia, le turban et le burnous blancs leur sont également défendus. Ils doivent porter des habits sombres aux manches démesurées, ne peuvent être chaussés que de savates et celles-ci doivent être beaucoup plus courtes que le pied, afin que le talon frotte continuellement le pavé (une contrainte qui sera levée un temps à Constantine). Dans la rue à Alger, ils ne peuvent pas porter d'armes, ni sortir la nuit

---

1. Sur cette pratique de la « dhimmitude », voir l'ouvrage de Bat Ye'or, *Juifs et Chrétiens sous l'islam, les dhimmis face au défi intégriste*, Paris, Berg International, 1994.

avec un falot allumé. Le seul luminaire toléré est une bougie tenue à la main et que le vent éteint souvent. Après 18 heures, ils n'ont le droit de circuler que s'ils possèdent une autorisation de l'autorité supérieure. D'autres dispositions marquent leur infériorité : ils sont exclus des lieux publics fréquentés par les musulmans excepté les bazars ; les contestations entre juifs et musulmans sont du ressort du cadi (juge) dont ils doivent baiser la main et la parole du juif est réputée nulle lorsqu'un musulman nie sa véracité. Les dispositions de même nature s'appliquaient aux minorités chrétiennes d'Orient.

Dans un ouvrage récemment publié en Algérie[1], l'historien algérien Aïssa Chenouf confirme la rigueur de cette condition. Un autre historien algérien, Achour Cheurfi, en donne une vision beaucoup plus favorable. Il écrit ainsi : «Avec l'avènement de l'islam, les communautés juives connurent un certain épanouissement et contribuèrent à la culture arabe, certains à l'image d'Ibn Shaprut (905-975) devinrent même ministres. Cahen, le rabbin de Constantine, en témoigne : "Dès l'arrivée des Arabes en Afrique, les juifs qui habitaient le pays eurent toute liberté pour l'exercice de leur culte ; d'autant plus qu'un grand nombre de leurs coreligionnaires d'Arabie accompagnèrent l'armée d'invasion et élirent domicile dans les différentes villes conquises. Sous les premiers gouverneurs arabes, lieutenants des califes en Afrique, ils purent demeurer paisibles et tranquilles, et exercer toutes sortes d'industries et de commerces."» Il est vrai

---

1. Aïssa Chenouf, *Les Juifs d'Algérie, 2 000 ans d'existence*, Alger, Éditions El Maarifa, 1999, p. 99-100, chapitre «Dhimma, ou le contrat musulman».

que de grands médecins tels qu'Ishaq Ben Suleiman, Abu Sahl Dunash Ben Tamim ou Abu Djaffar Ibn el Djezzar, féru de philosophie et de logique, célèbre auteur du *Traité des fièvres* (*Kitab al-Hoummat*), vécurent dans les cours royales. L'année de la chute de Grenade vit 300 000 juifs quitter l'Espagne et le Portugal pour se réfugier en terre maghrébine (à Alger, Bougie, Miliana, Constantine, Mostaganem, Tlemcen, etc.) où ils ont pu retrouver la paix et la quiétude. Le rabbin Éphraïm Enkaoua, médecin de son état, s'installa ainsi à Tlemcen où il fut encouragé à organiser sa communauté. Durant la période turque, ils jouirent d'un respect certain et, à Constantine, Salah Bey leur réserva le plus beau des quartiers de la ville. Achour Cheurfi poursuit : « Leur manière de s'habiller ne différait pas tellement de celle des musulmans : les hommes portaient une chéchia et les femmes le haïk sans le voile (*el'adjar*). Les conversions forcées étaient rares et tous les métiers leur étaient accessibles même s'ils avaient une préférence pour le commerce, l'or et l'argent[1]. »

En fait, les dispositions concernant les juifs furent appliquées avec plus ou moins de rigueur selon les époques et les administrateurs. À la veille de la conquête française de 1830, le « pacte » du *dhimmi* est fermement respecté. Mais à mesure que l'Empire ottoman se désagrège, les exactions et l'ostracisme croissent, l'arbitraire s'étend et la condition des juifs devient de plus en plus difficile. Les *toshavim* sont les victimes toutes désignées de la vindicte populaire, le plus souvent attisée par des

---

[1]. Achour Cheurfi, « Judaïsme et guerre de libération », in *Dictionnaire de la révolution algérienne*, Alger, Casbah Éditions, 2004, p. 196-197.

fonctionnaires turcs peu scrupuleux. C'est la raison pour laquelle, dans les plans français de conquête d'Alger, les juifs sont considérés comme de précieux auxiliaires potentiels. Dès 1830, malgré leurs préjugés antisémites nourris à leur encontre[1], les officiers français sont convaincus de trouver en eux des alliés dans la place.

L'ATTITUDE AMBIVALENTE DES PREMIERS MILITAIRES FRANÇAIS

Dès son entrée à Alger, le général comte de Bourmont, qui commande l'expédition française, met sur un pied d'égalité les juifs et les musulmans, ce qui constitue une véritable révolution pour les seconds, habitués au statut inférieur des premiers depuis onze siècles. Serror devient chef des indigènes interprètes et convoyeurs, tandis que Jacob Bacri, chef de la nation juive à Alger en 1831, devient l'un des conseillers les plus écoutés du général. Certains juifs francs remplissent le même rôle d'interprètes et d'intermédiaires dans le camp adverse, auprès des élites musulmanes. Le 16 novembre 1830, le corps expéditionnaire français reconnaît l'existence de la « Nation hébraïque » et considère Jacob Bacri comme son représentant. Au-delà de cette bienveillance, l'armée (et son ministère de tutelle), soucieuse de ménager un interlocuteur favorable et absolument indispen-

---

1. Sur cette attitude, à partir des ouvrages d'officiers français et des archives militaires, voir l'article de Geneviève Dermenjian et Benjamin Stora, « Les juifs d'Algérie dans le regard des officiers français de la conquête, 1830-1855 », in *La Revue historique*, septembre 1991, p. 333-339.

sable en Algérie, officialise symboliquement l'existence d'une entité hébraïque.

La conquête de l'Algérie amorcée, Louis-Philippe succède brutalement à Charles X renversé par la révolution de 1830. Le nouveau souverain précise dès son avènement le projet colonial. En 1833, il nomme le maréchal Soult, ministre de la Guerre et président du Conseil, à la tête d'une commission d'Afrique, véritable instance de réflexion sur le judaïsme algérien. Le 21 juin 1831, le « Conseil hébraïque » est restructuré par l'administration coloniale. Sans pour autant être déchu de ses compétences religieuses, il devient garant de la force publique par l'attribution de certaines fonctions administratives. Cette mesure inaugure la sécularisation de la très pieuse société juive algérienne. L'ordonnance du 10 août 1834 réduit la compétence des tribunaux rabbiniques en matière pénale aux seuls cas religieux. Les juifs d'Algérie deviennent ainsi justiciables des tribunaux français, ce qui ouvre une grande brèche dans l'autonomie de la communauté juive d'Algérie. En 1836, une nouvelle étape est franchie : la magistrature autonome juive, désormais inutile et anachronique, est supprimée ainsi que la fonction de chef de la Nation, d'abord à Alger, puis à Oran. Désormais, le chef de la « Nation juive » est remplacé par un adjoint au maire. L'organisation ancestrale du judaïsme s'efface donc devant les institutions françaises.

En 1839, le gouvernement français crée une commission qui élabore un projet d'organisation du culte et de l'instruction, liquidant les derniers vestiges de l'autonomie juive. Mais ce sont les ordonnances du 28 février 1841 et du 26 septembre 1842 qui vont véritablement fonder l'organisation de la justice française en Algérie sur la base de l'assimilation à la justice métropolitaine. Les tribunaux rabbiniques sont supprimés, la juridiction des causes juives est transférée aux tribunaux français. Douze années ont suffi pour réaliser l'intégration de la communauté juive. Une mission recommandée par le ministère de la Guerre, et composée de Jacques Isaac Altaras, président du consistoire de Marseille, et de Joseph Cohen, jeune avocat aixois, publie un rapport éloquent sur l'Algérie qui aboutira à l'ordonnance royale de Saint-Cloud du 9 novembre 1845. Retardée par l'hostilité du général Bugeaud, cette ordonnance confère au Conseil hébraïque la qualité d'institution religieuse et crée, sur le modèle métropolitain, un consistoire Algérien siégeant à Alger, ainsi que des consistoires provinciaux à Oran et à Constantine. Elle marque une étape significative dans la sécularisation du judaïsme algérien sur le modèle du judaïsme français dont il adopte désormais les institutions. À travers la lutte contre le paupérisme et leur action en faveur de l'assimilation de leurs coreligionnaires par la scolarisation, les consistoires deviennent les vecteurs essentiels et les guides respectés de la francisation.

Dès 1831, la monarchie française s'est donc employée à supprimer l'autonomie de la nation juive en posant, mesure après mesure, les actes qui conduiront à la naturalisation collective des juifs d'Algérie du 24 octobre 1870, connue sous le nom de décret Crémieux. Cette politique découle des premières observations sur cette population et de l'évaluation de son rôle éventuel dans le processus de colonisation de l'Algérie. Les autorités françaises, tant militaires qu'administratives ou religieuses, l'ont en effet examinée avec attention afin de savoir comment la traiter et comment l'utiliser au mieux. Cet examen a rapidement fait surgir un certain nombre de clichés, le plus souvent négatifs. En quelques années, parfois en quelques mois, se forme une image du juif d'Algérie qui pèsera sur tout le XIXe siècle et souvent même au-delà.

Dans leurs rapports, les premiers officiers français insistent sur la dure condition des juifs à l'époque de l'occupation turque. Ils décrivent des mellahs insalubres, étriqués et surpeuplés, groupés autour des synagogues, peignent les habitants, leurs costumes, leurs mœurs, leurs «mauvais penchants» et leurs qualités. Passant de l'indignation à la commisération, ils présentent ce juif d'Orient comme un enfant inculte un peu voleur qu'il faut instruire et libérer. Les avis sont péremptoires. Après quelques mois sur place, l'armée émet son point de vue sur tout : l'administration, la mise en valeur du pays, le sort des communautés indigènes. Au moment où les partisans de l'occupation totale de l'Algérie tendent à l'emporter, les militaires veulent saisir de l'intérieur ce pays encore inconnu[1]. Aussi se tournent-ils vers les juifs maltraités par les Turcs et réfugiés à Marseille, en espérant qu'ils

---

[1]. Lorsque, en 1837, le ministre de la Guerre décide de lancer une étude de fond nommée *L'Exploration scientifique*, il trouve sur place des officiers qui accomplissent un travail d'historiens, de sociologues et de linguistes. On doit, entre autres, à Carette des *Études sur la Kabylie* (1848) et à Pélissier de Reynaud trois volumes des *Annales algériennes* (1854), véritable tableau de l'histoire des premières années de la conquête. Leurs travaux rendent bien compte d'un esprit d'observation et d'une volonté de connaissance du milieu «indigène».

s'engageront aux côtés des Français, en les faisant bénéficier de leurs connaissances du pays.

D'emblée pourtant, ils se défient de leurs interprètes juifs «illettrés, très vicieux et peu dignes de confiance», jugement qui ne fera que s'accentuer avec le temps. Comment se fier en effet à une communauté aussi hétérogène quand on la voudrait charnière entre Européens et Algériens?

Les militaires se rendent cependant rapidement compte que le fait de considérer juifs et musulmans sur le même pied est un frein au rapprochement de ces derniers avec la France. L'argument de l'émancipation des juifs suscitant le courroux des musulmans a été utilisé pendant la période coloniale par les autorités militaires et les membres de la communauté européenne (ceux qui s'appelleront les pieds-noirs) dans le but de freiner le processus d'intégration des juifs. À mesure que la conquête avance, un mépris mêlé de répugnance l'emporte dans le discours des membres de l'état-major. On reproche aux juifs d'agir «par amour du lucre», de «falsifier les bijoux qu'ils vendent», d'«exercer l'usure», de spéculer sur les immeubles, d'avoir des mœurs dissolues. Deux officiers se distinguent dans la promotion de ces préjugés : Saint-Arnaud et Bugeaud. L'un parle de «servilité abjecte», l'autre de «fourberie» et de «rapacité» telles qu'il vaudrait mieux expulser les juifs du pays. Les notables de la communauté rendent pourtant d'inestimables services aux généraux français. Leurs agents commerciaux les tiennent au courant des événements du pays et ils comptent des amitiés utiles et des clients dans l'entourage des beys auxquels ils prêtent de l'argent. Pendant les dix premières années de la domination française, et en dépit de la méfiance des généraux qui les suspectent d'espionnage pour le compte de l'ennemi, ces intermédiaires juifs vont participer à des actes diplomatiques importants, notamment aux deux traités signés par les généraux Desmichels et Bugeaud avec l'émir Abd el-Kader. Le premier, dit traité Desmichels en 1834, comporte deux textes, l'un en arabe et l'autre en français. Il accorde une part importante du sol algérien à l'émir Abd el-Kader, lui donne des droits commerciaux et entérine la politique d'occupation restreinte du pays, au grand dam des partisans de l'occupation totale. Le second, dit traité de la Tafna, conclu en 1837, reconnaît une large souveraineté à l'émir Abd el-Kader et lui promet des armes et des munitions. Ces traités sont violemment critiqués en France et en Algérie. Le courroux monte encore quand est révélé le fait que Bugeaud a reçu une forte quantité d'or. Pour détourner l'attention et apaiser les critiques, on accuse les émissaires juifs, Amar et Busnach, d'avoir trahi la France et compromis le général, alors qu'un traité secret connu des accusateurs les innocente complètement. En 1930, l'accusation sera reprise dans les écrits historiques publiés à l'occasion du centenaire de l'Algérie. D'intermédiaire, le juif est devenu bouc émissaire. Utilisé au gré des besoins, puis accusé de tous les maux, il fait progressivement partie de ces «civils» cantiniers, premiers commerçants et colons qui suscitent le mépris de l'armée. Certes, toutes les observations ne vont pas dans le même sens et l'ampleur des matériaux accumulés sur la vie juive est considérable. Mais la curiosité initiale s'est transformée en préjugé et celui-ci va perdurer jusqu'au milieu du XXe siècle, les écrits de l'époque de la conquête faisant alors référence.

Juifs et musulmans en 1830

Les Français qui arrivent à Alger en 1830 constatent que l'immense majorité des juifs dépérissent dans la misère. Leur détresse est d'autant plus grande qu'à la différence des chrétiens, ils ne bénéficient d'aucun soutien extérieur. En 1805, le consul de France Dubois-Thionville constate combien «l'oppression et l'avilissement qu'ils vivent sont au-delà de l'idée qu'on pourrait s'en former». Le consul général des États-Unis Shaler, dans un rapport célèbre, voit qu'«aujourd'hui les juifs d'Alger sont peut-être les restes les plus malheureux d'Israël». La situation de la communauté juive s'est considérablement dégradée depuis l'affaire «Bacri-Busnach», affaire qui a provoqué l'arrivée des troupes françaises en Algérie. En 1792, Bacri et Busnach, deux Livournais responsables communautaires, deviennent les conseillers financiers du dey et réalisent sous son couvert de fructueuses opérations financières comme la livraison de blé au Directoire issu de la Révolution française. Bacri et Busnach suscitent jalousie et envie. Au moment de la sévère famine qui désole en 1805 la régence d'Alger, leur fortune est la cible d'émeutiers. Busnach est abattu d'un coup de pistolet, les juifs se réfugient chez le consul de France, des synagogues sont brûlées, des maisons pillées, des femmes violées. Trois cents familles juives quittent Alger. Cet événement marque le déclin de la population de la communauté juive d'Alger qui ira en s'appauvrissant. Les mesures discriminatoires sont appliquées avec encore plus de rigueur, les juifs livournais abandonnant peu à peu la cité devenue hostile. C'est à ce moment-là que les défenseurs de la culture française, les *megorashim*, vont introduire les idées progressistes dans les couches favorisées du judaïsme algérien [1].

Devant l'offensive de l'armée française, l'attitude des juifs algériens varie selon les régions. À Alger, centre du pouvoir turc, les Français sont accueillis en libérateurs. Les juifs se réjouissent, et les notables livournais Bacri et Douran se mettent au service du maréchal de Bourmont alors ministre de la Guerre. Le maréchal Clauzel, en retraite stratégique dans la périphérie d'Alger, trouvera un soutien non négligeable auprès de la communauté. Le scénario est le même à Oran et dans sa région. Très rapidement les commerçants juifs deviennent les interlocuteurs exclusifs de l'armée française. En dépit des préventions de cette dernière, leurs qualités d'interprètes sont mises à contribution. Cependant, ils ne feront jamais le coup de feu aux côtés des Français.

À l'est du pays en revanche, dans le Constantinois et à Laghouat dans le Sud algérien, les juifs s'opposent farouchement à l'agresseur français aux côtés des musulmans. Enfin, sur le reste du territoire, l'attitude générale est plutôt la prudence.

---

1. Sur cet aspect, voir Patrick Girard, *La Révolution française et les Juifs*, Paris, Robert Laffont, 1989. En 1816, le beylik autorise un certain nombre de vieillards à fréter un navire pour s'en aller mourir à Jérusalem.

Mot qui, dans l'adversité, revient comme un leitmotiv.

Le ralliement de certains juifs à la puissance française, considéré comme un acte rédhibitoire par une partie des musulmans (dont le célèbre émir Abd el-Kader qui résista à l'occupation française dès 1832), entraîne des représailles aveugles sur les populations juives, lesquelles sont, au mieux, pressurées par l'impôt, au pire, obligées de payer le tribut du sang comme à Mascara dans l'Ouest algérien où l'opposition à la conquête coloniale est très vive[1]. Craignant pour leur intégrité physique, les juifs de l'intérieur convergent alors massivement vers les villes du littoral qui abritent des garnisons de l'armée française. Leur situation est difficile, ils font l'objet d'un double rejet. Ils ont perdu la confiance des musulmans qui adoptent désormais une attitude de méfiance, de repli, voire d'opposition violente à la présence française. Quant à l'armée française, elle les considère avec mépris et refusera plus tard leur émancipation. La colonisation française a ainsi créé dans l'espace algérien un modèle d'occupation complètement nouveau qui a fracturé les relations intercommunautaires déjà fortement fissurées par le déclin turc.

La volonté de francisation

En 1830, les juifs de France sont fiers d'être citoyens français depuis 1789 et de faire partie de

---

1. Valérie Assan, « L'exode des juifs de Mascara, un épisode de la guerre entre Abd el-Kader et la France », in *Archives juives, revue d'histoire des juifs de France*, n° 38, 2ᵉ semestre 2005, p. 7-27.

la « patrie des Lumières et des Libertés ». Ils constatent également que leur ascension sociale a suivi leur libération politique et juridique, et leur évolution personnelle leur paraît exemplaire. Du fait de l'occupation de l'Algérie, ils vont se trouver dans une situation d'intermédiaires entre la France et les juifs de ce pays. Très rapidement, animés par un double sentiment de fraternité et de patriotisme, éléments inséparables à l'époque, ils s'intéressent au sort du judaïsme algérien dont la rumeur publique leur dit la pauvreté, l'ignorance, la « déchéance », selon les termes employés. Pour eux, c'est l'occasion de remplir un devoir envers des coreligionnaires et en même temps de rendre à la France ses bienfaits. C'est ainsi qu'ils cherchent à promouvoir en Algérie les orientations qui leur ont réussi : l'assimilation juridique, l'instruction et les principes de la Révolution de 1789.

Les juifs « Français de confession israélite » disposent de deux sources de renseignements sur le judaïsme algérien. La première est celle des récits de voyageurs, médecins ou hommes d'affaires juifs publiés dans la presse juive en général et dans les *Archives israélites* en particulier. Ces récits décrivent la communauté d'Algérie avec des accents qui ressemblent en tout point à ceux des autres Français de l'époque. La seconde émane des envoyés officiels du judaïsme français qui font preuve d'un jugement plus nuancé. Deux israélites de Marseille, Jacques Isaac Altaras et Joseph Cohen, visitent l'Algérie en mai et juin 1842. Leur rapport approfondi souligne les qualités du juif algérien (aptitude au changement, désir de se rapprocher de la civilisation française) mais déplore « un avilissement moral qui les empêche de rompre avec leurs anciennes traditions vestimentaires, sociales et politiques ». Il y a certes du chemin à faire, mais tous les espoirs de « moraliser », « régénérer », « franciser », « assimiler » ces malheureux coreligionnaires sont donc permis – et particulièrement la jeune génération qui pourra bénéficier de l'enseignement des éducateurs juifs de France. Sans l'action de ce « colonialisme juif », pour reprendre l'expression de l'historien Simon Schwarzfuchs[1], il est probable que l'incertitude qui pesait sur les juifs n'aurait pas été levée aussi vite.

Dans cette optique, le Consistoire central souhaite créer les consistoires algériens sur le modèle français en donnant la prééminence aux rabbins métropolitains. Pour ce faire, il est dans l'obligation de présenter son projet au gouvernement. Or, si l'administration s'est rapidement intéressée aux juifs d'Algérie pour les besoins de sa politique, elle répugne à organiser le culte israélite. Le souci de ne pas choquer les différentes opinions religieuses à un moment où la position de la France est fragile du fait de la conquête en cours, les nécessités de la guerre et le manque d'intérêt l'incitent à repousser les demandes répétées du Consistoire. Finalement, le ministère des Cultes se décide à présenter le projet d'organisation du culte israélite comme une « œuvre philanthropique digne du génie de la France » et porteuse d'avenir car, argumente-t-on, les juifs reconnaissants deviendront avec le temps les meilleurs soutiens de la politique française en Algérie. L'ordonnance du 9 novembre 1845 crée

---

1. Cité par Bernard Cohen et Richard Ayoun in *Les Juifs d'Algérie, 2 000 ans d'histoire*, Paris, J.-C. Lattès, 1982, p. 125.

donc un Consistoire central à Alger ainsi que deux autres à Oran et Constantine sous la direction de grands rabbins venus de France et investis d'une « mission civilisatrice ».

Cependant, soucieux d'échapper à un statut juridique équivoque, les juifs d'Algérie occupent la scène publique algérienne en proclamant solennellement leur désir d'intégration à la France. Les conseillers généraux, la presse libérale dirigée par les déportés de juin et décembre 1848 unissent leurs voix à celles des juifs français et algériens pour demander l'octroi du droit de cité français « aux israélites de la colonie », soulignant les services rendus par une partie de la communauté dès les premiers temps de la conquête, et insistant sur leur rôle de propagateurs de la civilisation française.

De leur côté, les juifs de France, sans prendre la peine de consulter les juifs algériens ni tenir compte des différences culturelles, leur imposent le seul modèle valable à leurs yeux, persuadés que la « francisation » et la « moralisation » du judaïsme algérien ne manqueront pas de suivre. La méconnaissance et l'incompréhension de leurs représentants sèment le trouble et la prise de contact est plutôt rude. Bien des années après l'indépendance de l'Algérie, un grand rabbin d'Algérie dira en évoquant cette période très particulière : « La colonisation française a, certes, amélioré la condition du juif, mais elle a renié sa religiosité. Les tribunaux rabbiniques ont été dépouillés de leurs prérogatives au profit du droit français. Ce qui signifie que dans les communautés, la plupart du temps, on ne s'occupait que de ce qui se passait aux abattoirs. Pour le reste des questions, il fallait attendre que le mariage se fasse à la mairie avant que le rabbin puisse bénir le nouveau couple. Il fallait attendre que le divorce soit prononcé par le tribunal civil avant que le tribunal rabbinique puisse se prononcer. Du coup, toutes les conditions financières qui devaient être traitées par les tribunaux n'étaient plus du ressort du tribunal rabbinique, mais relevaient du tribunal civil, du tribunal du juge de paix. Les juifs n'osaient plus se présenter devant le tribunal rabbinique pour régler leurs différends [1]. »

Après 1845, la connaissance du milieu juif indigène progresse grâce aux investigations de la presse juive française et aux rapports des rabbins métropolitains [2]. Parallèlement, la critique se fait acide. Si l'attachement des juifs d'Algérie à la France est toujours mis en avant, on leur reproche de négliger l'étude du français au profit des études religieuses, d'écarter les filles et les femmes de la francisation, d'en rester à la superstition et à une pratique religieuse arriérée. S'installe ainsi l'idée qu'ils sont enfoncés dans le « fanatisme » et fondamentalement différents des Européens. Le clivage entre les deux communautés s'accentue d'autant plus que les rabbins de France éprouvent une certaine difficulté à imposer leur autorité à des « ouailles » récalcitrantes pour qui les directives d'un étranger sont *a priori*

---

[1]. Intervention du grand rabbin Itzhak Zerbib, Colloque sur le judaïsme algérien, *op. cit.*, p. 16-17. Le grand rabbin Zerbib a eu pour maître le grand rabbin Sidi Fredj Halimi à Constantine. Il a étudié à l'école rabbinique de Paris, a enseigné à l'école rabbinique du grand rabbin d'Alger de 1949 à 1957. En 1959, il fut nommé grand rabbin de Constantine. Il est parti pour Israël en 1962, où il a été nommé rabbin régional à Jérusalem. En 1986, il devient grand rabbin au grand rabbinat d'Israël.

[2]. Voir l'important travail de Richard Ayoun, *Typologie d'une carrière rabbinique en France et en Algérie au XIXe siècle, l'exemple de Mahir Charleville*, thèse de doctorat d'histoire, EHESS, 1990, 5 volumes, travail publié aux Presses universitaires de Nancy, préface de Pierre Chaunu, 1993.

suspectes. Après les avoir considérés comme assez semblables à eux et ouverts à une éducation morale, les juifs de France mettent désormais en valeur le caractère foncièrement «oriental» de ces coreligionnaires lointains – sans pour autant abandonner leur double combat pour la francisation et l'assimilation juridique.

Leur «mission civilisatrice» ressemble alors à celle des militaires français. Comme eux, ils élaborent pour leurs «protégés» un projet imposé et considéré comme indiscutable dont ils s'étonnent qu'il ne remporte pas l'adhésion des intéressés. Comme eux, ils les réduisent à une entité étrangère aux critères européens de civilisation, de science, d'éducation, de religion. Comme eux enfin, ils veulent se réserver tout le pouvoir sur la communauté juive algérienne et ne comprennent pas la lenteur de celle-ci à se mettre au pas de la «civilisation». Leur opiniâtreté dresse contre eux les communautés désireuses de se débarrasser de la tutelle des rabbins français et de conduire elles-mêmes leurs propres destinées.

Certes, l'action du Consistoire central ne se réduit pas à cette position autoritaire. Depuis les origines de la colonisation, cette institution a eu le souci constant d'améliorer le sort d'une communauté défavorisée par l'histoire. En outre, elle a scrupuleusement veillé à la protéger des attaques antisémites tout au long du XIXe siècle, particulièrement lors de la crise antijuive qui secoua l'Algérie à la fin du siècle. Mais la nécessité de soustraire les juifs algériens à leurs rabbins (jugés fanatiques, bruyants, illettrés, parce que écrivant en hébreu et en arabe) et l'espoir de les voir évoluer vers la

« civilisation » sous une direction éclairée décident le Consistoire israélite de France à demander au gouvernement l'organisation du culte algérien. Il obtient satisfaction. La France colonise l'Algérie, le judaïsme français « colonise » le judaïsme algérien, tandis que les musulmans se réfugient dans leurs anciennes institutions.

Le 24 octobre 1870, Adolphe Crémieux, ministre de la Justice, soumet neuf décrets au Conseil du gouvernement qui les ratifie. Les plus importants établissent le régime civil et naturalisent en bloc les juifs algériens.

Le décret Crémieux

Le décret Crémieux du 24 octobre 1870 porte la signature des membres de la délégation de Tours : Gambetta, Glais-Bizoin, Crémieux, Fourichon. Ce décret est le produit d'une longue bataille. Dès 1847, M. de Baudicourt écrit dans son livre *La Colonisation de l'Algérie* que le « gouvernement français avait un intérêt majeur à s'attacher les juifs algériens ». En 1859, le rapporteur sur cette question au conseil général d'Alger note : « Il est évident que la déclaration que les Israélites en masse sont français lèverait toutes les difficultés et serait accueillie par eux comme bienfait. » En mai 1860, répondant à une requête présentée par les notables juifs algérois tendant à la naturalisation collective, le préfet d'Alger promet d'appuyer cette requête auprès du gouvernement. En 1865, lors d'un deuxième voyage en Algérie, Napoléon III répond à Oran à l'allocution du grand rabbin Mahir Charleville :

« Bientôt j'espère, les Israélites algériens seront citoyens français. » Napoléon III propose un sénatus-consulte qui ouvre la voie à la naturalisation possible des « indigènes » d'Algérie, mais cette proposition ne rencontre que peu d'écho. Les membres des communautés musulmane et juive pourraient devenir français à condition *de le demander* (voir le texte en annexe).

Le sénatus-consulte du 14 juillet 1865 offre ainsi quelques prérogatives aux juifs comme aux musulmans qui dorénavant peuvent acquérir à titre individuel la nationalité française, intégrer librement certains emplois publics et servir dans l'armée. Mais l'accession à la citoyenneté française est entravée par d'interminables procédures administratives et reste l'apanage des élites fortunées. Pour prouver leur allégeance à la nation, leur désir d'intégration, et échapper à des conditions de vie difficiles, les juifs algériens intègrent massivement le contingent et la fonction publique, seuls débouchés qui leur soient permis. Jusque-là, les réformes entreprises par l'administration française visaient uniquement les institutions religieuses (laïcisation) et, par voie de conséquence, les fidèles. La logique émancipatrice se fondant sur un acte de volontariat n'arrive pas à convaincre. Ils ne sollicitent pas la naturalisation car les procédures d'accession sont fastidieuses et exigent un renoncement total à leur culture natale, mais ils affluent en nombre dans les deux corps d'État autorisés. Même affectés à des postes subalternes dans les rouages de l'administration, ils prennent ainsi leur place dans la société coloniale avec laquelle ils se familiarisent progressivement.

Les milieux réformistes quant à eux considèrent le sénatus-consulte de 1865 comme une mesure insuffisante et plaident sans relâche pour la *naturalisation collective* des juifs algériens. De 1865 à 1869, les conseils généraux des trois départements de l'Algérie émettent chaque année un vœu pour la naturalisation massive des israélites indigènes. En mars 1870, le comte Léopold Le Hon, député du Corps législatif, après une enquête agricole menée en Algérie même, se rallie à l'avis de certains colons algériens et devient partisan de la naturalisation massive[1]. De son côté Sarlande, le maire d'Alger, estimant qu'« éloigner les Israélites des affaires publiques était une faute et un dommage », la réclame lui aussi comme une mesure nécessaire[2]. Le général Wimpffen demande également « qu'on leur donnât par décret les mêmes droits qu'à leurs coreligionnaires de France[3] ».

À la veille de la guerre de 1870, devant l'insistance des représentants de la population française d'Algérie (y compris de certains colons) et l'adhésion des hauts fonctionnaires civils et militaires (dont le préfet d'Alger et les généraux d'Alger et de Constantine) à une telle mesure, le gouvernement impérial est sur le point d'y céder. Le 8 mars 1870, le ministre de la Justice Émile Ollivier transmet au Conseil d'État le texte suivant :

« Art. 1er – Sont admis à jouir des droits de citoyens français, par application du sénatus-consulte du 14 juillet 1865, tous les Israélites indigènes du territoire algérien.

« Art. 2 – Tout Israélite indigène pourra, dans le délai d'une année à partir de la promulgation du

---

1. Discours du 7 mars 1870, in Claude Martin, *Les Israélites algériens de 1830 à 1902*, Thèse de doctorat, Paris, 1936, p. 129.
2. Claude Martin., *op. cit*, p. 130.
3. *Ibid.*, p. 131.

présent décret, faire aux autorités compétentes la déclaration qu'il n'accepte pas le bénéfice de la naturalisation. »

Le 19 juillet 1870, Émile Ollivier déclare à la tribune du Corps législatif qu'il est «désireux de naturaliser les Israélites». Il se demande si «la naturalisation peut se faire en vertu d'un décret» ou si elle requiert une loi et affirme qu'il ne reste qu'une «question de forme» à régler. Trois mois plus tard, le gouvernement de la Défense nationale siégeant à Tours décide de réorganiser le régime et l'administration de l'Algérie.

Adolphe Crémieux, tribun du mouvement en faveur des juifs d'Algérie, est à l'avant-garde de ce combat émancipateur. Isaac Moïse Crémieux, plus connu sous le nom d'Adolphe Crémieux, est né le 30 avril 1796 à Nîmes, et décédera le 30 avril 1880 à Paris. Avocat, homme politique, longtemps le président du Consistoire central et de l'Alliance israélite universelle, il est également très investi dans la franc-maçonnerie. Il y entre en 1818 et sera élu président du Suprême Conseil maçonnique de France. Français, juif et franc-maçon, l'homme se veut universaliste et refuse le communautarisme politique. Vivant dans la familiarité des héros de la Révolution française, c'est un amoureux fervent de la République et de l'émancipation citoyenne, attaché aux principes prônant la libération d'une société enfin sans guillotine ni charnier. Il consacre sa vie à l'émancipation des juifs dans le cadre de la France, cette patrie qu'il magnifie dans tous ses actes et ses écrits. Avocat au barreau de Nîmes, puis auprès de la Cour de cassation, il s'installe en 1830 à Paris. Élu député de Chinon, de 1842 à 1848, il devient, en 1843, président du Consistoire central israélite de Paris. Marquant ses distances avec une religiosité envahissante, il s'affirme comme un juif profondément rationaliste. Et il n'est donc pas étonnant, lorsque la révolution républicaine triomphe à Paris le 24 février 1848, de le voir entrer, en tant que ministre de la Justice (jusqu'au 7 juin 1848), dans le gouvernement provisoire qui proclame la Deuxième République. Le 3 mars, il obtient de la Cour de cassation l'abolition des dernières discriminations juridiques légales à l'égard des juifs de France. Le 9 mars 1848, il reçoit «une délégation de noirs et de mulâtres des colonies françaises» et leur déclare : «La nouvelle République accomplira ce que la République de 92 avait proclamé. Vous redeviendrez libres.» Adolphe Crémieux est représentant du peuple aux Assemblées constituante et législative de 1848-1849.

Le 11 juin 1851, en tant qu'avocat, il assiste Victor Hugo dans la défense de son fils Charles Hugo, journaliste poursuivi devant la cour d'assises de Paris pour avoir «outragé la loi en décrivant l'exécution d'un braconnier guillotiné à Poitiers». Le 17 mai 1860, est créée l'Alliance israélite universelle, à l'instigation de Crémieux. Il en prend la présidence en 1864. Élu député de la Drôme au Corps législatif, de 1869 à 1870, il devient membre du gouvernement de la Défense nationale, du 4 septembre 1870 au 17 février 1871, comme ministre de la Justice. Il fait promulguer six décrets réglementant la vie en Algérie, dont celui mettant fin à l'administration militaire de l'Algérie et, surtout, celui accordant d'office la citoyenneté française aux 35 000 juifs du pays. Ce décret du

24 octobre 1870 portant sur l'octroi de la naturalisation à titre collectif des juifs algériens passera à la postérité sous le nom de « décret Crémieux » et couronnera l'œuvre de sa vie. Il stipule que « les Israélites indigènes des départements de l'Algérie sont déclarés citoyens français; en conséquence leur statut réel et leur statut personnel sont à compter de la promulgation du présent décret réglés par la loi française, tous droits acquis jusqu'à ce jour restant inviolables. Toute disposition législative, tout sénatus-consulte, décret, règlement ou ordonnance contraires sont abolis. »

Les décrets d'application seront pris un peu plus tard, le 7 octobre 1871 (cf. annexe). Adolphe Crémieux est député du département d'Alger, de 1872 à 1875. Au terme de sa longue carrière politique, il devient sénateur, de 1875 à sa mort en 1880.

En 1871 donc, grâce au « décret Crémieux », les juifs algériens deviennent des Français d'origine juive. Cette naturalisation collective, qui bouleverse leur univers, fera l'objet de vives critiques de la part des chefs de l'armée, d'une partie de la population européenne, et des élites musulmanes.

LE PROCESSUS D'ASSIMILATION

Dans la quatrième partie (« Du mellah à la ville nouvelle ») de son ouvrage, *La Saga des Juifs d'Afrique du Nord*[1], André Chouraqui montre bien l'éclatement de la vie traditionnelle juive pendant la période de la colonisation française et la modification des structures démographiques et sociales.

---
1. Paris, Hachette, 1972.

La naturalisation collective des juifs d'Algérie a créé un bouleversement considérable dans l'univers de leur communauté qui vivait alors, sinon en symbiose, du moins avec la population musulmane. Après cette séparation, du jour au lendemain, ils changent de camp et se solidarisent avec l'envahisseur. Recensés, inscrits à l'état civil, ils apprennent à lire et à écrire le français, abandonnent les petits métiers traditionnels pour embrasser des professions nouvelles sans rien renier de leurs coutumes religieuses ou culinaires. Tout cela s'accomplit par paliers selon les générations et les régions, les photos de famille en témoignent. Si les plus âgés conservent le costume à l'orientale [1], à la veille de la guerre de 1939, tous les jeunes sont vêtus à l'européenne.

Mais surtout, l'entrée officielle des juifs d'Algérie dans la cité française a signé la fin de leur statut de *dhimmis* protégés en terre d'islam depuis des siècles. Ce bouleversement ne va pas sans susciter des réticences de la part des autorités religieuses juives qui y voient la mise en œuvre d'un projet d'acculturation. Un siècle après le décret Crémieux, en 1986, des rabbins se souviennent des réactions de leurs ancêtres à l'arrivée des Français en Algérie, de leurs craintes de ce « laïcisme extrêmement pernicieux », de cette nouvelle vision du monde qui, agissant sur le judaïsme algérien, pousse certaines couches de la population, principalement celles qui possédaient une formation intellectuelle avancée, à s'éloigner du giron de la communauté. « Avec l'arri-

---

1. L'ouvrage *Les Juifs d'Algérie, images et textes*, sous la direction de Jean Laloum et Jean-Luc Allouche, Éd. du Scribe, 1987, montre des centaines de documents photographiques où se devine cette évolution.

vée des Français en Algérie, il y a eu une espérance messianique tellement grande, une joie tellement profonde, qui était la conséquence de l'obtention de la nationalité française, que l'on crut que le Messie était venu. Le Messie étant venu, le judaïsme algérien a-t-il rêvé ? Non, il n'a plus rêvé son rêve. Il a expliqué le rêve de la France », raconte le grand rabbin Emmanuel Chouchana, qui poursuit : « Tout s'est passé comme si, pour un médecin ou un avocat, continuer à être religieux en Algérie, c'était déchoir par rapport à son espérance d'identification totale avec le citoyen français qu'ils admiraient et avec lequel ils espéraient se confondre. » Et il conclut : « S'il n'y a pas d'histoire des juifs d'Algérie, c'est tout simplement parce que, interprètes des rêves des Français, ils ont participé à l'histoire de France et que rien n'a été comptabilisé pour le juif en tant que juif[1]. »

Quant au grand rabbin Avraham Hazan, né à Cherchell, évoquant « cette période où Voltaire et Molière nous avaient presque avalés et où il ne restait presque plus rien du judaïsme[2] », il dit le mécontentement et l'opposition des rabbins constantinois au décret Crémieux face à la désertion des écoles rabbiniques. Selon eux, trop de familles assimilées ne participent plus à la vie

---

1. Intervention du grand rabbin Emmanuel Chouchana, membre du Tribunal rabbinique et directeur du Séminaire rabbinique. Colloque sur le judaïsme algérien, *op. cit.*, p. 6-7 et 10. Le grand rabbin Chouchana est né en 1928 à Bône (Annaba) en Algérie. Il est le fils du rabbin Yaacov Chouchana Zal. En Algérie, il obtient très jeune son diplôme de rabbin, en 1945. Il étudie à la yeshiva d'Aix-les-Bains et au Séminaire de Paris en 1951. Dans les années 1964-1975, il enseigne la Guemara et le Midrash à l'école rabbinique de Paris. À partir de 1978, il est directeur du Séminaire rabbinique de Paris.
2. Intervention du grand rabbin Avraham Hazan, aumônier des prisons, Colloque sur le judaïsme algérien, *op. cit.*, p. 35.

communautaire bien que, dans les villes de l'intérieur comme Constantine, l'éloignement des grands centres européens ait maintenu une vie traditionnelle et religieuse forte.

De sorte que c'est par le contact avec la communauté musulmane que se perpétuent croyances, rites et mode de vie traditionnel. Car la masse juive, pauvre, continue de vivre dans un environnement musulman extrêmement croyant qui déteint sur elle. Comme le souligne encore le grand rabbin Chouchana, au contact des musulmans, «le juif ne pouvait pas s'imaginer autrement que croyant[1]». Qu'il parle français ou arabe, il invoque lui aussi «*Allah, azziz*», Dieu chéri. Cet environnement a favorisé, chez les juifs d'Afrique du Nord, le maintien d'une sensibilité religieuse plus forte que celle des juifs de métropole.

Dans les années 1950, l'universitaire Hubert Hannoun raconte bien ce mélange de culture juive et d'imprégnation laïque et ce rapport si particulier entre l'école française et la synagogue. Il explique comment, le jour du shabbat, alors que son père se rendait à l'office, lui et les autres enfants étaient dans l'obligation de ne pas manquer la classe. Soucieux de l'éducation de leurs enfants, les parents faisaient en effet prévaloir l'école laïque française sur la formation religieuse. «Notre assiduité était, pour nous, les enfants, un devoir impérieux», écrit-il, en précisant qu'il n'était autorisé à accompagner son père à la synagogue qu'en période de vacances. Il suivait alors péniblement la lecture collective du

---

1. Intervention du grand rabbin Emmanuel Chouchana, membre du Tribunal rabbinique et directeur du Séminaire rabbinique. Colloque sur le judaïsme algérien, *op. cit.*, p. 7.

texte de la prière, fasciné par le rituel et s'extasiant devant tous ceux qui, autour de lui, récitaient avec assurance tel passage du *chahrit*[1] ou tel verset du *moussaf*[2]. « Bien plus tard, ajoute-t-il, je découvrirai que la tonitruance de leurs prières ne signifie pas toujours, chez eux, la compréhension réelle de leur sens. Non, l'essentiel, pour eux, réside uniquement dans le respect strict d'une gestuelle et d'une lecture collective à haute voix du texte toraïque en respectant une musique et une scansion rituellement prescrites[3]. »

Quant à Jean Daniel, il écrit dans *Cet étranger qui me ressemble* : « Je ne porte pas les stigmates d'une arabité particulière. Mes amis arabes parlaient français. Je n'ai pas appris l'arabe et je le regrette. Et il était déconseillé de le faire. Au temps de mon enfance, la présence française est très forte et de nombreux musulmans en sont imprégnés. Adolescent, je vis une attente de la France qui freine ou transforme la dimension arabe et musulmane de l'Algérie[4]. »

Un accueil plus que mitigé de la cité française

Dès l'adoption du décret Crémieux, les partisans de la droite extrême redoutent que le poids électoral des juifs ne favorise la gauche républicaine qui monte en puissance tout au long des années 1870-

---

1. Prière de l'après-midi.
2. Prière supplémentaire pour le shabbat et les jours fériés.
3. Hubert Hannoun, *Juif converti au judaïsme, chanson d'une enfance*, manuscrit inédit.
4. Jean Daniel, *Cet étranger qui me ressemble*, Paris, Grasset, 2005, p. 24

1880. En 1884, François Grégoire crée la Ligue socialiste antijuive dont le journal *Le Radical algérien* sert de tribune à tous les antisémites d'Algérie. Dans ses mémoires, Émile Morinaud, député-maire de Constantine vitupère le décret Crémieux et rapporte les propos qu'il a tenus à Oran en 1885 : « Je souligne l'odieux spectacle que les juifs viennent de donner à Constantine lors des élections municipales en votant d'un bloc pour Casanova. Je déclare que de tels scandales ne peuvent pas durer. Je revendique pour la majorité française le droit de gouverner. En conclusion, je demande à tous les auditeurs de jurer qu'ils s'uniront tous pour faire triompher à Constantine et partout le droit à la majorité française [1] ! »

En 1897, les attaques se font violentes, des pogroms éclatent à Tlemcen et à Mostaganem. Vingt ans après la promulgation du décret Crémieux, l'Algérie connaît une vague d'antisémitisme sans précédent. La « crise antijuive » culmine à Oran avec les terribles émeutes de mai 1897 et s'accompagne de persécutions diverses. Alors que l'affaire Dreyfus éclate en France, à Alger, les émeutiers européens demandent pour la plupart l'abrogation du décret Crémieux « au nom du peuple en fureur ». Le 8 mai 1898, Édouard Drumont, célèbre dirigeant antisémite et auteur de *La France juive*, est élu député d'Alger. Au même moment, Max Régis, directeur de la Ligue antijuive d'Alger, acclamé par la foule des Européens, est élu maire de la ville à l'âge de vingt-cinq ans. Il y reçoit Henri Rochefort, polémiste virulent, qui lance le mot d'ordre très en

---

1. Émile Morinaud, *Mémoires. Première campagne contre le décret Crémieux*, Archives du département de Constantine, Éd. Baconnier, 1941, p. 138.

vogue à l'époque, du balcon de l'hôtel de ville : « Vive l'Algérie ! À bas les juifs ! » Dans la foulée, le socialiste Lucien Chaze affirme qu'en Algérie « l'antisémitisme est la forme locale du socialisme ».

La fièvre retombe progressivement, mais les juifs sont molestés, leurs synagogues sont saccagées. Ils sont accusés d'être des « capitalistes » opprimant le peuple, alors que l'écrasante majorité d'entre eux est très pauvre (à la fin du XIXe siècle, en Algérie, sur 53 000 juifs, environ 11 000 sont prolétaires et subviennent aux besoins de 33 000 personnes, soit environ 44 000 juifs dans l'indigence [1]). Lorsque la Première Guerre mondiale éclate, 2 000 d'entre eux iront mourir sur les champs de bataille. Pendant ces cinquante années, de 1870 à 1920, la peur du « péril arabe » se profile aussi derrière l'antisémitisme. À travers ces campagnes antijuives, on devine la dénonciation de l'« indigène » scandaleusement hissé à la nationalité française.

Dans l'Algérie des années 1930, l'antisémitisme s'exacerbe plus encore. Des candidats se présentent avec l'étiquette « antijuive » et n'hésitent pas à écrire dans leur profession de foi : « Je m'engage à suivre une politique antisémite [2]... » À Oran, les élections sont dominées par des campagnes virulentes et l'antisémitisme est l'unique programme électoral de certains candidats. Jules Molle affirme ainsi simplement : « Voter pour moi, c'est voter contre les juifs ! » Il est élu maire d'Oran en 1921 et réélu en 1925.

---

1. Geneviève Dermenjian, *La Crise anti-juive oranaise 1895-1905 : l'antisémitisme dans l'Algérie coloniale*, Paris, L'Harmattan, 1986.
2. *L'Écho d'Oran*, 9 octobre 1931. Sur cette période, voir la thèse de Caroline Bégaud, *La Troisième République française coloniale en Oranie*, Université Paris-VIII, 1999.

La question juive apparaît donc comme le symptôme d'une crise profonde de l'Algérie française en tant que faux modèle d'une République se refusant à intégrer des minorités religieuses non chrétiennes. Le décret Crémieux est toujours perçu comme une insulte, une menace par une majorité d'Européens qui construisent leur identité par opposition aux indigènes, c'est-à-dire les non-catholiques considérés comme sans culture. L'incorporation des juifs d'Algérie dans le corps électoral bouscule un « idéal républicain » véhiculé dans les colonies, particulièrement en Algérie où le droit à l'égalité pour tous n'est pas reconnu.

Affrontements et rapprochements avec les musulmans

L'antisémitisme explique à lui seul l'orientation nettement progressiste de l'ensemble de la communauté juive. Habitués aux attaques et aux persécutions d'une droite antisémite, les juifs gardent alors « le cœur à gauche », du côté de ceux qui les défendent. Ils apportent une contribution importante aux mouvements démocratiques (comme la Ligue des droits de l'homme), socialistes, francs-maçons et syndicaux. La proportion de juifs dans ces organisations en Algérie est très importante et ils sont moins sourds que la masse des Européens d'Algérie aux demandes d'égalité formulées par les dirigeants de la communauté musulmane de l'entre-deux-guerres. Raymond Bénichou, qui passe à l'époque pour la conscience morale de la communauté, écrit par exemple en 1932 : « Aussi haut que les dirigeants responsables des destinées de la France voudront élever les populations musulmanes, aussi grande sera la satisfaction des populations d'origine juive de notre pays. »

Dans l'été brûlant de l'année 1934, la campagne municipale qui a lieu dans la ville de Constantine illustre la férocité antijuive de la vie politique de l'entre-deux-guerres en Algérie coloniale. Les Européens, comme le montrent bien les *Mémoires* d'Émile Morinaud, l'un des grands notables de l'époque, découragent les juifs de prendre part à la compétition électorale et désignent ces derniers à la vindicte des indigènes musulmans. Tout est en place pour le pogrom : la volonté européenne de prendre la mairie et d'en écarter les juifs de toute gestion ; les Algériens musulmans qui se sentent victimes d'injustices et vivent dans une ambiance d'insurrection embryonnaire encouragent dans ce sens leurs dirigeants, le Dr Bendjelloul et le cheikh Abdelhamid Ben Badis ; les membres de la communauté juive qui achètent des armes... Le dimanche 5 août 1934, une rumeur court selon laquelle un soldat juif aurait uriné sur une mosquée et insulté des fidèles en prière. La tension monte très vite et, dans les heures qui suivent, l'affaire enfle... « Cinq mille indigènes se réunissent dans les Pins. [...] À 10 heures commençaient les émeutes sous prétexte que le Dr Bendjelloul avait été mis à mort par les juifs. L'agent indigène B. a déclaré : " J'ai entendu, étant de surveillance, dans la rue Sidi-Nemdil, plusieurs indigènes crier : 'Courez, le docteur a été tué par les juifs. Armez-vous. Il faut en finir, c'est la guerre sainte[1] !' " » Des maisons et des boutiques

---

1. Archives CAOM, Aix-en-Provence, cité par Robert Attal, *Les Émeutes de Constantine, 5 août 1934*, Paris, Romillat, 2002, p. 110.

juives sont attaquées et pillées, des personnes massacrées. Marthe Stora, elle aussi, raconte : « Les musulmans avaient dit qu'un israélite avait uriné devant la mosquée, un vendredi. On les voyait, de la terrasse, se rassembler vers Sidi-Mabrouk. Le dimanche, ils sont descendus en masse sur Constantine, un massacre... Ils ont égorgé. Ils ont éventré les vitrines. C'était affreux. J'avais quatorze ans, j'étais là. J'ai des photos des magasins détruits. [...] Ils ont tué beaucoup de juifs ce jour-là[1]. »

Les observateurs, comme tous les historiens qui ont étudié cette question[2], sont stupéfiés par l'inertie militaire. L'armée française reste en effet deux jours l'arme au pied, permettant le massacre de la population juive. Ce pogrom fait 23 morts et 38 blessés juifs, 3 morts et 35 blessés musulmans. Le journal constantinois *Tam Tam*, hebdomadaire influant dans la communauté européenne et très antisémite, explique : « 90 % d'entre nous [les Européens] tout en regrettant le sang versé ne le blâme pas et beaucoup d'entre nous ne feront rien pour empêcher le retour de ces choses. » Ces événements terribles vont traumatiser pour longtemps la communauté[3]. Mais les responsables juifs tiennent bon et réitèrent leur demande d'égalité de droits et leur volonté de surmonter les haines.

Le 26 février 1936, *La Dépêche algérienne* publie un appel de jeunes juifs, texte en forme de manifeste qui sera repris par le *Bulletin de la Fédération*

---

1. Récit de Marthe Stora, ma mère, recueilli par Leila Sebbar.
2. Robert Attal, *Les Émeutes de Constantine, 5 août 1934, op. cit.* ; et aussi Michel Abitbol, *Les Juifs d'Afrique du Nord sous Vichy*, Paris, Maisonneuve et Larose, 1983 ; Charles-Robert Ageron, *Histoire de l'Algérie contemporaine*, Paris, PUF, 1979.
3. Dans les récits familiaux, les « événements du 5 août » tiennent une place très importante et ont servi de justification pour le départ d'Algérie en 1962.

des Sociétés juives d'Algérie en mars 1936, à la veille de l'arrivée au pouvoir du Front populaire. Répondant à un article intitulé « Malaise en Algérie » qui mettait en cause les israélites, ce texte accuse *La Dépêche algérienne* d'entretenir chez les musulmans un antisémitisme « aussi nouveau que superficiel ». Les représentants de la communauté juive veulent démontrer que la condition malheureuse dans laquelle vivent les musulmans n'est pas imputable à la promulgation du décret Crémieux, mais précisément à sa limitation aux seuls juifs, l'émancipation citoyenne ne concernant pas les musulmans. Leur position dans le débat est délicate : leur silence laisserait croire qu'ils s'opposent aux revendications des indigènes, et leurs protestations contre le sort injuste qui leur est fait les feraient accuser de trahison par les Français. L'inconfort de leur position n'empêche cependant pas Raymond Bénichou, Maxime Choukroun, Élie Gozlan, André Narboni, Gaston Soucy et Fernand Teboul[1], tous signataires de l'article, de soutenir la cause des « indigènes musulmans », non seulement parce qu'elle leur paraît juste, mais aussi parce que les juifs sont souvent les premières victimes des désordres qu'engendre l'iniquité. Si la France veut modeler à son image les indigènes, qu'elle applique donc le décret Crémieux à ceux qui constituent la majorité de la population du pays au lieu de les maintenir dans la condition de sujets dont les droits sont mesurés avec parcimonie. « Si on veut attacher pour toujours la population de ce pays à la Mère Patrie, est-il meilleur moyen que de la rendre française ? »

---

1. *Bulletin de la Fédération des Sociétés juives d'Algérie*, n° 21, mars 1936.

argumentent-ils en renouvelant leur attachement à la France et en appelant de leurs vœux le triomphe de la justice. Il s'agit après tout d'un simple ajustement de textes que l'on peut confier avec quiétude à la souple ingéniosité des juristes pénétrés de la valeur des principes d'égalité qui soutiennent l'édifice de la République. Une telle égalité de droits est à leurs yeux la meilleure façon de pacifier le pays, de le soustraire à une «propagande subversive» et de prévenir la violence.

Nombreux dans les rangs socialistes de la SFIO, les juifs soutiennent dans leur majorité le projet Blum-Viollette qui prévoit la naturalisation de 20 000 musulmans en 1936. Dans ce court épisode du Front populaire, espérant une amélioration de la condition juridique des indigènes musulmans, les élites juive et musulmane se rapprochent, tandis que l'expression antisémite régresse chez certains dirigeants de la minorité européenne. On trouve trace de ces rapprochements dans le journal de gauche, *Alger Républicain*. Ce journal relate en effet une conférence prononcée en mai 1939 par Kaddour Makaci, un responsable de la Fédération des élus musulmans. Cette fédération est très populaire dans la société musulmane de l'époque, même si les jeunes générations commencent à porter leurs regards vers le Parti du peuple algérien, formation indépendantiste radicale animée par Messali Hadj et déjà bien implantée dans le pays à partir de 1937[1]. La conférence de Kaddour Makaci porte sur l'antisémitisme et l'islam. Le *Bulletin de la Fédération des Sociétés juives d'Algérie* en a fait un compte rendu édifiant quant à

---

1. Sur cet aspect, je renvoie à mon ouvrage, *Messali Hadj*, Paris, Hachette, coll. «Pluriels», 2004.

la nature des rapports entre les deux communautés à la veille de la Seconde Guerre mondiale [1]. Un public nombreux s'est réuni ce jour-là dans la salle du cinéma Plaza mise à la disposition des organisateurs. À la tribune, MM. Valero et Pinaud, président de la fédération départementale de la LICA, remercient l'auditoire et présentent le conférencier avant de lui donner la parole. La voix grave et prenante, Kaddour Makaci émet d'abord des considérations générales sur le racisme et l'antisémitisme, s'élève contre les excitations et les « manœuvres criminelles », les tortures morales et physiques infligées aux juifs de certains pays et, dénonçant les « théories racistes et fascistes de la barbarie la plus destructive », exalte la grande et unique religion de l'humanité, avant d'en venir au deuxième point de son exposé, « l'islam et les juifs ». Textes coraniques à l'appui, il se plaît à rappeler l'esprit de tolérance des musulmans envers les autres religions, les dispositions islamo-juives qui ont présidé aux bonnes relations entre les deux communautés, notamment dans l'Andalousie du Moyen Âge où l'arrivée des Arabes mit fin aux exactions wisigothes contre les juifs. Il évoque ensuite la campagne antijuive menée par une partie des Européens d'Algérie, notamment par Max Régis, à la fin du XIXe siècle, et rappelle l'attitude des musulmans « résistants aux excitateurs qui voulaient les enrôler dans leur campagne antijuive ». Dans un passé plus récent encore, il donne l'exemple de la Turquie offrant l'hospitalité à 10 000 juifs. Après quoi, il en vient à l'étude des « raisons modernes de l'antisémitisme ».

---

1. « L'islam et l'antisémitisme. Le racisme en Algérie et les musulmans », conférence de Kaddour Makaci, in *Bulletin de la Fédération des Sociétés juives d'Algérie*, n° 54, juin-juillet 1939.

Là, stigmatisant le mouvement raciste dont les musulmans sont les premiers visés, il explique que le rejet du projet Blum-Viollette a provoqué le mécontentement dans les milieux indigènes qui visent la personnalité du président du Conseil Léon Blum. Abordant alors les devoirs qui incombent aux juifs et aux musulmans, Kaddour Makaci se félicite d'avoir entendu « des voix juives s'élever contre le régime raciste auquel sont soumis les musulmans d'Algérie ». Et l'orateur d'énumérer toutes les iniquités, inégalités et différences de traitement auxquelles sont soumis les indigènes dans toutes les branches de l'activité humaine : sur le plan militaire, la différence de solde, de commandement, de retraite entre soldats indigènes et européens ; sur le plan de l'instruction publique, la différence entre école indigène et école européenne, entre certificat d'études européen et indigène, le droit de priorité pour les enfants européens dans les écoles ; les différences aussi de traitement des fonctionnaires, des ouvriers agricoles ; la discrimination en matière électorale (collège unique) et fiscale ; les mesures restrictives prises à l'encontre de la langue arabe dont l'enseignement est devenu pratiquement impossible. « Ces manifestations et bien d'autres, voilà le racisme ! » clame-t-il, s'élevant alors contre les déclarations de « certains bourgeois indigènes amis de la France » qui encensent le « bonheur » des populations musulmanes en passant sous silence leurs véritables revendications. Et, dans une envolée saluée par de longues acclamations de toute l'assemblée, M. Makaci termine son allocution en proclamant sa foi en la fraternité humaine.

Dans ces tentatives de rapprochement répétées entre juifs et musulmans, un homme s'est engagé résolument : Élie Gozlan. Né à Constantine en 1876, peu après la promulgation du décret Crémieux, il est une figure exemplaire de la communauté juive d'Algérie en ce qu'il a cru passionnément à la possible fusion du judaïsme algérien et de la République française et lutté toute sa vie pour l'intégration des Algériens musulmans à la cité. Élève de l'école normale d'instituteurs de Constantine, diplômé en langue arabe, il se mobilise politiquement dès 1894 avec le déclenchement de l'« affaire Dreyfus » qui le pousse à combattre un antisémitisme toujours plus virulent. Suivant l'exemple de sa mère institutrice, il enseigne durant quarante ans dans les écoles arabo-françaises de Bône, Sétif, Tébessa et Constantine, où deux de ses élèves, Ferhat Abbas et Mohamed Bendjelloul, s'illustreront comme défenseurs de leur communauté.

Sioniste et fermement de gauche, il milite en faveur d'une nation nouvelle, bâtie sur les principes d'égalité socialiste, où cohabiteraient juifs et Arabes palestiniens. En 1897, il a à peine vingt ans quand il est délégué pour l'Algérie au premier congrès sioniste de Bâle. Cet engagement n'excluant nullement un patriotisme français sans faille, un attachement indéfectible aux valeurs républicaines ainsi qu'un désir de fraternité avec ses « compatriotes musulmans ».

En mai 1934, il fonde le *Bulletin de la Fédération des Sociétés juives d'Algérie* qui sera, jusqu'en 1947, le principal organe de presse de la communauté. Défenseur passionné de la cohabitation fraternelle de tous les groupes ethniques et religieux d'Algérie, il se battra toute sa vie pour la reconnaissance des droits fondamentaux de tous les Algériens au sein de la République française. Il écrit ainsi en novembre 1936 dans le numéro 27 du *Bulletin de la Fédération des Sociétés juives d'Algérie* : « Nos amis musulmans savent que, si nous sommes à leurs côtés et souhaitons l'aboutissement de leurs revendications les plus justes, il n'est jamais venu à notre esprit, pas plus qu'il n'est venu au leur, nous en sommes certains, que ces revendications pouvaient prendre la forme d'impossibles exigences qui compromettraient leur juste cause. Ils savent aussi que notre modeste appui, notre collaboration leur seront acquis dans la mesure où la sagesse et la raison corroboreront le droit, le maintien de la généreuse tutelle de la France et le respect absolu de sa suprématie. Nous sommes sans prévention. Nous jugeons les hommes à leurs actes et les faits à leurs conséquences possibles. Nous réprouvons tout ce qui divise, tout ce qui peut provoquer la discorde, ou engendrer la haine, mais nous souhaitons de tout cœur la réalisation des mesures de justice qui rapprochent et unissent. Sincères dans notre conduite, nous entendons cultiver les amitiés qui nous plaisent et leur demeurer fidèles, vouant à la Justice, à la Vérité et partant à la France image de ces deux grandes vertus, le culte qu'elles méritent. »

En 1936, il apporte évidemment son soutien au Front populaire et au statut Blum-Viollette qui prévoit la naturalisation française de quelques milliers de musulmans – projet qui ne verra d'ailleurs jamais le jour. Il est alors nommé vice-président du Cercle musulman de progrès, groupement intellectuel réformiste musulman. De 1936 à 1940, dans le même élan de fraternité, il fonde avec ses amis juifs

(André Narboni, Raymond Bénichou et Marcel Loufrani), musulmans (le cheikh Tayeb El Okbi et le cadi Mohamed Benhoura) et chrétiens (Jean Scelles-Millie et Henri Bernier), l'Union des croyants monothéistes, forum algérois de la lutte antiraciste. Pleinement occupé par ces nouvelles fonctions, il quitte l'enseignement, s'essaie brièvement à la représentation commerciale avant de se consacrer au journalisme. De 1937 à 1939 il administre l'*Alger Républicain* où écrit Albert Camus et qui deviendra un quotidien communiste après la guerre. Secrétaire général du Consistoire et du Comité juif algérien d'études sociales dont le président est alors Henri Aboulker, il devient directeur et éditorialiste régulier du *Bulletin*. Il y imprime sa marque d'amitié judéo-musulmane et affronte inlassablement censure et attaques en se dressant avec force contre le nazisme, le fascisme et leur avatar pétainiste. Soucieux de faire participer le judaïsme algérien à la vie des organisations juives internationales, il fonde la section algérienne du Congrès juif mondial et correspond régulièrement avec les présidents Stephen Wise et Nahum Goldman. Personnage incontournable de la vie juive algérienne, il préside également à l'ouverture de la première école technique de l'ORT à Alger (école juive d'apprentissage) et assure comme secrétaire général, entre 1940 et 1942, le fonctionnement de l'Association d'études d'aide et d'assistance, qui se charge de venir au secours des victimes algériennes des lois racistes de Vichy et qui, avec le grand rabbin Eisenbeth, représente la communauté juive auprès des autorités vichystes en Algérie.

Après la Libération, il est fait chevalier de la Légion d'honneur et rédige une traduction de la

Haggadah (livre de la Pâque juive) dans laquelle, désireux d'engager ses coreligionnaires à la vigilance contre un danger toujours présent, il fait un parallèle entre le joug qui pesait sur les Hébreux du temps de Pharaon et le martyre subi par le peuple juif pendant la période nazie. En 1954, déjà très âgé, il assiste avec un désespoir impuissant à la montée des nationalismes qui finiront par signer la fin de la présence juive en Algérie. Contraint de quitter son pays, il s'installe en France où il meurt en 1964, inconsolé des déchirements de la terre qu'il avait défendue avec tant de passion et d'acharnement.

DEUXIÈME EXIL

*Vichy et l'expulsion
de la République*

Peu après le décès de ma mère, classant des vieux papiers, je suis tombé sur cette photo prise par mon oncle en 1938, où les membres de ma famille sont réunis quelque part dans les environs de Constantine. Le sujet est apparemment anodin : un pique-nique à la campagne par une belle journée de printemps. Elle m'a paru importante justement parce qu'elle ne se distingue pas des autres photos prises à la même époque par les Français de France, ou les pieds-noirs d'Algérie.

Tous les personnages sont vêtus à l'européenne. Plus personne ne porte le vêtement traditionnel, ce qui témoigne clairement des effets puissants de l'assimilation, même dans une ville réputée refermée sur ses traditions religieuses comme Constantine. En 1938, cette photo le prouve, les juifs d'Algérie étaient profondément intégrés dans la cité française, ils s'y sentaient à leur place, de façon évidente. Ils s'habillaient à la mode de Paris, chantaient Mistinguett et Maurice Chevalier, étaient amoureux de la République et affirmaient leur francité dans l'espace public. Mais ils conservaient leurs traditions religieuses dans l'espace privé. C'était la seule chose qui les différenciait vraiment des juifs de France. Pris au jeu de l'assimilation, ces derniers s'étaient souvent détachés de toute religiosité pour mieux se fondre dans la culture du pays, alors que les juifs d'Algérie, dans leur grande majorité, sont restés croyants et solidement attachés aux pratiques et préceptes du judaïsme. Pour eux, l'assimilation n'a pas affecté la vie familiale et privée, où ont été maintenus le rituel des fêtes, la tradition culinaire, la façon d'être, de parler, etc. Au point qu'au moment de certaines grandes fêtes comme Pessah, la Pâque juive, c'est un souvenir d'enfance très vivace, certains de mes oncles mettaient leurs vêtements traditionnels, le fameux costume ottoman de la première photographie d'avant 1914. Une trace d'arabité se révélait alors dans la pratique religieuse au sein de la famille. Complètement français au-dehors, nous nous retrouvions lors des fêtes religieuses, des mariages et des circoncisions pour continuer la tradition musicale constantinoise. On peut ainsi se demander si les juifs d'Algérie n'ont pas foncé tête baissée dans le processus d'assimilation, s'ils ne l'ont pas devancé pour préserver leur intimité, leur appartenance singulière, c'est-à-dire leur appartenance juive au monde berbère et arabo-musulman.

Cette photo que rien ne différencie d'une photo de « pieds-noirs » de l'époque est d'autant plus intéressante que les personnages ne savent rien de ce qui les attend. On voit bien l'insouciance de la période dans laquelle ils vivent. Pris dans la dynamique positiviste de l'époque, la croyance au progrès, à la démocratie, à la science, ils ne peuvent en aucun cas concevoir une quelconque forme de retour en arrière, un retour à l'avant-décret Crémieux. Certes, ils entendent les bruits inquiétants du nazisme, et sont au courant de ce qui se passe par l'arrivée en Algérie des premiers juifs allemands fuyant le régime raciste et totalitaire. Mais ils ont vu aussi la force du Front populaire, et les espérances soulevées à ce moment-là. Ils sont confiants, tranquilles, optimistes.

Vichy sera pour eux une terrible surprise, une imprévisible catastrophe, le commencement de la fêlure. Comment en effet faire confiance à un pays qui, après soixante-dix ans d'assimilation, après avoir vu grandir trois générations sur son sol, vous retire du jour au lendemain ce qu'il vous a donné ?

Cette photo est une photo de veille de cataclysme, d'inconscience et d'assimilation heureuse.

Campagnes contre le décret Crémieux

À la veille de la Seconde Guerre mondiale, le processus d'assimilation des juifs d'Algérie est déjà largement engagé. En témoigne, par exemple, le fait que les parents attribuent volontiers à leurs enfants des prénoms comme Robert, Roger, Odette ou Clémence, les prénoms hébraïques tels Benjamin ou Déborah arrivant généralement en seconde position au moment de l'enregistrement des naissances à l'état civil.

Ayant quitté massivement les campagnes, les juifs sont surtout présents dans les grandes villes ou les gros bourgs. D'après le recensement de 1931 et par ordre décroissant, ils sont 23 550 dans la ville d'Alger (pour 156 971 Européens et 76 601 musulmans), 20 493 à Oran (pour 111 031 Européens et 32 219 musulmans), 13 110 à Constantine (pour 34 493 Européens et 52 999 musulmans), 5 436 à Tlemcen (pour 8 148 Européens et 32 476 musulmans), 2 390 à Bône-Annaba (pour 37 869 Européens et 28 519 musulmans). Les Européens attachent d'ailleurs une grande importance à cette question démographique : ils ont peur d'être « submergés » par les indigènes musulmans surtout, mais aussi par les juifs. De leur côté, les musulmans s'inquiètent de ne jamais être représentés politiquement ou socialement. Quant aux juifs, ils craignent les campagnes agressivement antisémites menées par des Européens d'extrême droite. Ainsi, se mettent en place des territoires de la peur qui recoupent les appartenances communautaires.

Au moment où commence la Seconde Guerre mondiale, la passion des juifs d'Algérie pour la France est avant tout républicaine. Passion pour la « grande nation » qui émancipa les juifs de France en leur donnant l'égalité des droits. Nombreux seront les instituteurs laïcs de la communauté juive d'Algérie à enseigner et défendre l'idéal républicain. Cependant, l'assimilation républicaine ne signifie aucunement acculturation ou perte d'identité. Par le maintien farouche de leurs traditions religieuses et culturelles, les juifs d'Algérie se différencient ainsi nettement des juifs de France devenus, selon l'expression de Pierre Birnbaum, des

« fous de la République ». En atténuant le risque des persécutions, la République a permis aux juifs d'honorer leur héritage, et même de le faire fructifier.

Ils appartiennent aux élites qui se constituent dans les couches profondes de la société. Mais ils ne veulent pas rompre avec leur singularité communautaire. De toute façon, comment croire en l'effacement de la communauté par l'appartenance républicaine, alors que le fonctionnement communautaire n'a jamais été si puissant dans le faux modèle républicain de l'Algérie coloniale ? Les musulmans leur montrent la voie en utilisant la religion comme arme d'affirmation de soi, de résistance. Et il est d'autant moins envisageable pour eux de voir remise en question leur spécificité que l'antisémitisme européen reste très puissant.

Évoquant ainsi le climat qui règne en Algérie à la veille de la Seconde Guerre mondiale, l'historien Charles-Robert Ageron note : « Nulle part en territoire français, même en Alsace, ne régnait un antisémitisme aussi général. [...] On doit bien reconnaître que la grande majorité de la population européenne communiait dans un antijudaïsme plus ou moins violent dans son argumentation[1]. » Le 14 janvier 1937, devant la Chambre des députés, le sous-secrétaire d'État à l'Intérieur du gouvernement Léon Blum, Raoul Aubaud, parle avec force et indignation de l'antisémitisme répandu en Algérie « comme du chancre de notre civilisation dans ce pays ».

---

1. Charles-Robert Ageron, « Les juifs d'Algérie, de l'abrogation du décret Crémieux à son rétablissement », in *De l'Algérie française à l'Algérie algérienne*, Paris, Bouchène, 2005, p. 417-418.

Il faut dire qu'avant la guerre, le célèbre emblème nazi qui a fait trembler les juifs d'Europe et les démocrates du monde entier, est arboré sans gêne aucune en Algérie dans les milieux européens. *Le Petit Oranais*, un des grands quotidiens d'Oran, dirigé par un député, le Dr Molle, porte en première page la croix gammée. Le symbole de l'antisémitisme est populaire en Algérie : dans les rapports d'indicateurs trouvés dans les archives, il est noté que des croix gammées sont dessinées sur les murs (surtout en Oranie), que d'autres sont vendues comme bijoux, en épingle de cravate notamment, et qu'on la trouve sur les célèbres cigarettes Bastos. Cette manufacture de tabac produit en effet, après 1933, des cahiers de papier à cigarette décorés de douze croix gammées qui remportent un grand succès... Les croix gammées sont aussi ostensiblement portées dans des cortèges européens ou peintes sur les voitures de manifestants (cette pratique commencée au temps du Front populaire se poursuivra jusqu'à la fin de l'année 1942), et les cris de «Vive Hitler» sont régulièrement scandés selon les constats de police.

À l'approche de la guerre, l'extrême droite française avait multiplié les appels pour l'abrogation du décret Crémieux. La manchette permanente du *Petit Oranais* proclamait : « Il faut mettre le soufre, la poix, et s'il se peut le feu de l'enfer aux synagogues et aux écoles juives, détruire les maisons des juifs, s'emparer de leurs capitaux et les chasser en pleine campagne comme des chiens enragés. » À Constantine, l'hebdomadaire *Tam Tam* ou la feuille *L'Éclair algérien* tonnent contre la « domination des juifs » dans une ville baptisée «Youpinville». À l'automne 1938,

Jacques Doriot explique au cours du congrès nord-africain de son parti : « Nous avons lancé le mot d'ordre d'abrogation du décret Crémieux parce que la masse des juifs faisant bloc avec les partis de gauche risque de faire perdre la souveraineté politique aux Français coloniaux, aux hommes de l'Empire. » Ne voyant rien venir, certains maires de droite décident de s'attaquer eux-mêmes au décret, de façon pratique. Ils rayent des listes électorales les juifs ne pouvant faire la preuve qu'en 1870 leurs parents avaient signé une déclaration d'indigénat algérien. Seuls en effet étaient naturalisés par le décret Crémieux les juifs indigènes algériens à l'exclusion des juifs étrangers, marocains par exemple. Or ceux-ci étaient venus nombreux après 1871, et étaient assimilés aux juifs algériens. En 1938, le maire de Sidi Bel-Abbès, Paul Bellat, fait ainsi rayer environ 400 électeurs juifs de sa ville comme n'étant pas français. Le procédé menace de s'étendre, le gouvernement décide alors de promulguer un décret additif au décret Crémieux, le 17 janvier 1939. Au terme de ce décret, il suffit aux juifs d'Algérie de prouver qu'un de leurs ascendants a été inscrit sur une liste électorale antérieure à celle de l'année en cours pour bénéficier du droit électoral. Les antijuifs ne baissent pas les bras, bien au contraire. Ils reprennent leur argument sur « le décret Crémieux qui a braqué les musulmans contre la France ». Pendant toute la période vichyssoise l'explication servira pour tenter d'opposer les deux communautés. Cependant, les élites musulmanes ne tomberont pas dans ce piège. Dès 1939, le journal de la Fédération des élus musulmans, *L'Entente*, se félicite de l'additif au décret Crémieux. Ferhat Abbas, le directeur du journal, écrit le 2 février 1939 : « Les juifs sont français et ils le demeurent. Et ce n'est que justice. Il serait intolérable que certains néo-français veuillent faire la loi chez nous et contre nous. Libre à eux de nous exploiter, libre à eux de s'enrichir, ceci jusqu'à nouvel ordre. Mais faire du racisme en Algérie contre les Algériens, halte-là ! »

En mai 1940, l'Algérie apprend avec stupeur l'incroyable désastre militaire français. La population européenne attend avec angoisse les conditions de l'armistice et découvre dès le 25 juin avec soulagement que l'intégrité de l'empire colonial est maintenue, et qu'il semble se rallier dans sa majorité au régime du maréchal Pétain. Une « Révolution nationale » qui la séduit et qui sonne comme le retour aux sources des débuts de la conquête du pays.

Les bulletins de renseignements confidentiels des administrations françaises en Afrique du Nord observent, dès juillet 1940 : « L'antisémitisme progresse rapidement et la population française est à la tête du mouvement. » Dans la nuit du 11 au 12 septembre 1940, une « petite nuit de cristal » se produit à Alger, les vitrines d'une trentaine de magasins appartenant à des juifs sont brisées. Le nombre de croix gammées sur les murs augmente brusquement partout. La campagne du parti de Doriot, le Parti populaire français (PPF), redouble d'intensité pour l'abrogation du décret Crémieux.

L'ABROGATION

Issu du vote du 10 juillet 1940, le régime de Vichy a très vite étendu son emprise sur l'Algérie.

La « Révolution nationale » prônée par le maréchal Pétain prétendait créer un « homme nouveau » et lutter contre l'« Anti-France » dont la figure du Juif était la grande incarnation. Jusqu'au débarquement américain de novembre 1942, la période fut marquée notamment par le « proconsulat » du général Weygand, puis par une succession d'intrigues entre « petits chefs » vichystes. La « Révolution nationale » outre-mer était pourtant bien présente, effective dans ses effets redoutables. Le regard sur le dispositif juridique appliqué avec minutie en Algérie permet d'éclairer sous un jour nouveau le débat sur la nature et les pratiques du régime de Vichy. Comme le souligne Annie Lamarre-Stora, « le droit exprime à un moment donné ce que l'homme veut finalement pour sa société. Le droit n'est pas seulement un mécanisme de contrainte ; il est un appel à exister de telle façon, l'affirmation d'une certaine vocation, et toutes les sociétés formulent leur droit en fonction d'un modèle dans lequel elles se reconnaissent [1] ».

La loi du 3 octobre 1940 portant « statut des juifs » leur interdit l'exercice d'un certain nombre de professions notamment dans la fonction publique. Le 7 octobre 1940, le lendemain de l'adoption du « statut des juifs » légalisant l'antisémitisme vichyssois, le ministre de l'Intérieur Marcel Peyrouton [2] abolit le décret Crémieux de naturalisation des juifs algériens. Le 11 octobre, il retire aux

---

[1]. Annie Lamarre-Stora, *La République des faibles, les origines intellectuelles du droit républicain, 1870-1914*, Paris, Armand Colin, 2005, p. 13.

[2]. Marcel Peyrouton a été secrétaire général du gouvernement général à Alger avant de devenir résident en Tunisie, puis au Maroc. Il expliquait la nécessaire abrogation du décret Crémieux par « l'antijudaïsme instinctif des musulmans », donc par la nécessité de réparer une injustice à leur égard.

juifs le droit de se faire naturaliser[1]. Cette disposition est appliquée en Algérie aussitôt après sa publication au Bulletin officiel du Protectorat le 3 novembre 1940. Cette fois il ne s'agit plus de ramener les juifs à la prétendue égalité avec les indigènes musulmans, mais bien de frapper les seuls juifs par des mesures discriminatoires.

Ce retrait, cette éjection hors de la citoyenneté française est un immense traumatisme pour une communauté qui avait multiplié les marques d'amour envers la République sur laquelle se focalisaient toutes les espérances. Par simple décret, la France peut retirer ce qu'elle a donné... Plus rien désormais ne sera comme avant. La leçon ne sera pas oubliée.

Les faits sont tristement connus : une série de dix articles édictés par le gouvernement de Vichy le 3 octobre 1940 inflige aux juifs de France un statut spécial applicable à l'Algérie, aux colonies, protectorats et territoires sous mandat. Est officiellement considérée comme juive désormais «toute personne issue de trois grands-parents de race juive ou de deux grands-parents de même race si le conjoint lui-même est juif». L'accès et l'exercice de fonctions publiques sont interdits aux juifs, à quelques exceptions près : être titulaire de la carte de combattant, avoir été cité lors des campagnes de 1914-1918 ou 1939-1940, ou bien être décoré de la médaille militaire ou de la Légion d'honneur à titre militaire. L'accès et l'exercice des professions libérales, des professions libres, des fonctions dévolues aux officiers ministériels et de tous auxiliaires de la

---

1. Sur la chronologie de cette période décisive, voir Henri Mselatti, *Les Juifs d'Algérie sous le régime de Vichy*, op. cit.

justice est soumis à un strict *numerus clausus*. Les juifs sont en outre écartés, sans condition ni réserve, des postes de directeur, de gérant, de rédacteur de journaux (à l'exception des publications scientifiques), de réalisateur ou de producteur de films, de gérant de salles de théâtre ou de cinéma, ou de toute entreprise se rapportant à la radiodiffusion. Les fonctionnaires doivent être révoqués dans les deux mois suivant la promulgation de la loi, à l'exception de ceux qui, dans les domaines littéraire, scientifique et artistique, ayant rendu des services exceptionnels à l'État, pourront être exemptés par décrets individuels pris en Conseil d'État et dûment motivés. Près de deux mille cinq cents fonctionnaires d'État sont ainsi licenciés progressivement.

Une autre loi, du 2 juin 1941, fixant le « statut des juifs », leur interdit d'autres professions, par exemple celles de négociant, agent immobilier, marchand de biens, exploitant forestier, éditeur... Les lois des 17 novembre et 17 décembre 1941 y ajoutent encore de nouvelles catégories. Des modestes commerçants, des vendeurs de journaux, des contrôleurs de cinéma, des vendeurs en librairie, des gardiens de nuit de lieux publics, tels les théâtres, se retrouvent sans emploi.

Enfin, la loi du 2 juillet 1942, non applicable en France métropolitaine, interdit à un juif, y compris un ancien combattant, d'exploiter un café ou de tenir un débit de boissons. Dans le même temps, un *numerus clausus* est fixé pour les professions libérales : 2 % pour le barreau (il ne reste plus en Algérie que 16 avocats juifs sur 800 ; et aussi 2 % pour les médecins, les notaires, avoués, huissiers, dentistes, pharmaciens, etc.). Une classe moyenne en voie de constitution se trouve ainsi anéantie tandis que ces mesures frappent de plein fouet une population très modeste.

Les archives déposées à Aix-en-Provence pour la période de la Seconde Guerre mondiale concernent le statut des juifs dans le Constantinois où vit une importante communauté, en majorité pauvre. Environ 14 000 personnes sont recensées en 1936 pour la seule ville de Constantine. Une ville qui abrite la plus forte proportion d'«israélites d'origine algérienne» : 13 % si on tient compte du total de la population communale, 18 % si on ne tient pas compte de la population dite «éparse» mais seulement de celle de la ville[1]. Présents dans l'ensemble du Constantinois, les juifs sont aussi enracinés, parfois depuis des siècles, dans de gros bourgs ou des villes moyennes telles Aïn Beïda (940 juifs recensés en 1936), Biskra (926), Bône (2 390), Sétif (3 888), Guelma (769), Philippeville (494), Khenchela (392), Msila (318) ou Saint-Arnaud (333). En dépit d'une élévation du niveau de vie après la Première Guerre mondiale, l'activité économique et sociale des juifs se cantonne aux métiers traditionnels. Bonnes et ménagères (516 personnes), couturières (169), employés de commerce (323), journaliers (60), cordonniers (306), menuisiers (110), peintres (128), tailleurs (445), épiciers (286), bijoutiers et ouvriers bijoutiers (139) forment le gros de la communauté. Ville de tradition religieuse, Constantine compte par ail-

---

1. Eugène Guernier (dir.), *Encyclopédie coloniale et maritime*, tome second, «Les villes, marchés de l'intérieur. Constantine», Paris, Éd. de l'Encyclopédie de l'Empire français, 1948.

leurs, à la veille de la Seconde Guerre mondiale, 41 rabbins contre 27 à Alger, 25 à Oran ou 13 à Tlemcen. Les mesures prises par le régime de Vichy sont donc venues frapper de plein fouet cette communauté pauvre et pieuse[1].

Dans son étude remarquable sur *Les Juifs d'Afrique du Nord* publiée en 1936, le grand rabbin Maurice Eisenbeth souligne à propos de l'ensemble des juifs d'Algérie que « les carrières libérales ne renferment que 6,6 % de l'ensemble des travailleurs alors que les petits artisans, employés et ouvriers en comprennent 56,52 %. Ces deux chiffres démontrent à l'évidence combien est grande la masse besogneuse des israélites, et combien sont intenses la misère et le paupérisme qui les déciment d'autant plus fortement que s'accentue et s'étend la crise économique[2] ». En dépit de cette situation, l'« aryanisation des biens juifs » est mise en œuvre au prétexte d'une supposée richesse foncière des juifs, alors que les enquêtes révèlent que la propriété juive ne dépasse pas 0,97 % des superficies appropriées dans le département d'Alger, 1,18 % dans celui d'Oran, et 0,87 % dans celui de Constantine[3]. Et les juifs d'Algérie ne sont pas seulement renvoyés au rang des indigènes, ils deviennent des sujets à capacité réduite soumis à des restrictions professionnelles non applicables aux musulmans. Ces derniers, au demeurant, ne se portent pas

---
1. Constantine était également une ville très importante, sur le plan religieux, pour les musulmans. C'est là qu'est né en 1890 Abdelhamid Ben Badis qui fondera en 1931 le mouvement culturel et politique des Oulémas.
2. Maurice Eisenbeth, *Les Juifs de l'Afrique du Nord, démographie et onomastique*, Alger, 1936, réédition, Paris, La Lettre séfarade, 2000, p. 59.
3. Charles-Robert Ageron, *De l'Algérie française à l'Algérie algérienne*, *op. cit.*, p. 426-427.

acquéreurs de biens juifs, si ce n'est en accord avec d'autres familles juives pour une possible restitution.

Des Européens n'ont pas autant de scrupules. Comme en métropole au même moment, l'accaparement des biens juifs se développe à grande échelle. Parmi nombre d'autres cas trouvés dans les archives, cet exemple qui concerne ma propre famille : par arrêté du gouverneur général de l'Algérie en date du 22 mai 1942, « le fonds de commerce dénommé "Cinéma Stora" sis à Khenchela et appartenant en tout ou partie à M. Stora Benjamin, 42, rue de France à Constantine, est pourvu d'un A.P., Louis-Émile F., commerçant, rue J. Bertagna à Khenchela[1] ». Et ceux qui se voient « attribuer » ces biens ne veulent pas les abandonner, deux ans plus tard, au moment de l'abrogation de la législation vichyssoise. Toujours à Khenchela, un certain Louis B. demande ainsi, dans une lettre au gouverneur général d'Algérie, « pour le cas où le fermage des marchés consentis anciennement à des juifs venait à rentrer dans la catégorie des biens juifs à restituer de bien vouloir envisager avec justice et bonté la situation qui serait créée à mon gendre et sa femme sans situation, alors que monsieur Stora est très riche[2] ». Dans sa réponse, l'administrateur en chef de la commune mixte de Khenchela explique « qu'il n'y a aucune raison de faire une exception pour le cas de monsieur Louis B., dont la situation de fortune est bien

---

1. *Journal officiel de l'Algérie*, 16 juin 1942. « Biens juifs », p. 463. Arrêté du 28/5/1942 portant nomination d'administrateur provisoire.
2. Archives Aix, FR CAOM, 93/3 G30. Mon grand-père, complètement ruiné, est mort en décembre 1945.

assise puisqu'il est considéré à juste titre comme un des plus riches colons de la région[1] ».

Pour les historiens américains Michael R. Marrus et Robert O. Paxton, « c'est Vichy qui subissait les pressions d'Alger et non l'inverse ». L'historien Jacques Cantier, de son côté, a bien montré que, hors de toute pression directe de l'occupant allemand, l'orientation répressive du régime a été plus forte en Algérie qu'en France en divers domaines. Il récuse également l'idée que Vichy préparait en secret à Alger le retour de la France dans la guerre. Pour lui, « loin de constituer une formule diluée du modèle métropolitain, le vichysme algérien apparaît au contraire comme un prolongement fidèle de celui-ci » et a même « sans état d'âme pratiqué la surenchère[2] ». En effet, Alger a fait du zèle. Le 19 décembre 1940, rares sont les juifs dans l'enseignement public, et en 1941 un *numerus clausus* sévère est imposé aux avocats, aux médecins, empêchés de pratiquer ou d'exercer leur métier : d'un trait de plume, Vichy efface leur appartenance à la nation française acquise depuis soixante-dix ans. C'est l'exil « intérieur », l'expulsion hors de la citoyenneté française, un drame qui bouleverse la vie quotidienne des juifs d'Algérie[3].

Cette sensation d'exil intérieur est particulièrement forte, s'agissant de l'enseignement. Le fait d'être chassé de l'école de la République restera incontestablement le traumatisme le plus vif de cette période. En 1940, 465 professeurs ou instituteurs sont sommés de quitter leur emploi du jour

---
1. Archives Aix, FR CAOM, 93/3 G30.
2. Jacques Cantier, *L'Algérie sous le régime de Vichy*, op. cit., p. 394.
3. Voir à ce sujet le beau livre de Roland Doukhan, *Berechit*, Paris, Denoël, 1991.

au lendemain. Une nouvelle campagne antijuive contre les étudiants et les écoliers, pour l'instauration d'un *numerus clausus*, aboutit à la loi du 21 juin 1941, promulguée en Algérie le 23 août. Aux termes de cette loi, les juifs ne sont plus admis dans les facultés ou instituts d'études supérieures que dans une proportion de 3 % de l'effectif des étudiants non juifs inscrits l'année précédente. À la rentrée universitaire de 1941, 110 candidats juifs seulement sont acceptés à l'université d'Alger sur 652 postulants. L'enseignement public, primaire ou secondaire, reste accessible dans les proportions de 14 % des effectifs de chaque école. Une loi du 19 octobre 1942 réduit le *numerus clausus* à 7 %. L'historien Michel Ansky dans son livre *Les Juifs d'Algérie* remarque que cette loi est appliquée en Algérie avant même sa promulgation. En fonction de ce texte, 19 484 élèves sont immédiatement exclus des écoles publiques. La loi interdit aux élèves juifs de l'enseignement privé de se présenter aux concours et examens d'un niveau supérieur au certificat d'études. Cette mesure, qui touche ainsi l'ensemble de la population scolarisée à la hâte par les institutions juives, est particulièrement ressentie par les familles.

Dès la fin de l'année 1940, en effet, le Consistoire a improvisé une instruction de remplacement, en mettant sur pied un enseignement primaire privé avec l'aide des instituteurs juifs révoqués. À la fin de l'année scolaire 1941-1942, soixante-dix écoles primaires et six écoles secondaires fonctionnent, difficilement. Dans ce pays où n'existe pas encore, contrairement au Maroc, le réseau des écoles de l'Alliance israélite universelle, cette exclusion mise en œuvre immédiatement et de manière restrictive est un choc, dont témoignera notamment Jacques Derrida.

Né à Alger le 15 juillet 1930, il est âgé d'une dizaines d'années lorsque s'installe le régime de Vichy. Le jour de la rentrée scolaire, en octobre 1941, le proviseur de son lycée le convoque et le congédie. Le tout jeune adolescent n'est plus français, et en tant que juif est exclu de l'enseignement. Il gardera de cet affront une blessure ineffaçable mais constitutive car elle fera de lui, surtout à la fin de sa vie, le philosophe des sans-papiers et des sans-abri, l'intellectuel éperdument épris de justice. Le philosophe Gérard Granel, son ami de khâgne à Louis-le-Grand, dira : «Jacques a toujours une blessure d'avance.» Ses écrits sur les marges, les frontières, les traces, les déplacements et... l'exil sont peut-être des réponses à ce traumatisme initial. «Je me demande, écrit-il dans *La Contre-Allée*, si je ne voyage pas tant parce que j'ai toujours été, comme de l'école, renvoyé. Je procède toujours quand j'écris par digression, selon des pas de côté, addition de suppléments, prothèses, mouvements d'écarts vers des écrits tenus pour mineurs, vers les héritages non canoniques, les détails, les notes en bas de page[1].» À cet éclairage biographique, qui nous renseigne sur le concept phare de «déconstruction», viennent s'ajouter d'autres traces laissées à la fin de sa vie. Dans un de ses derniers textes, il évoque sa «fidélité infidèle à la France» et aime à parler de son «marranisme» en terre algérienne : «Je me rappelle, moi qui joue maintenant à me

---

1. Jacques Derrida, *La Contre-Allée*, avec Catherine Malabou, Paris, La Quinzaine littéraire, 1999, p. 44.

présenter comme un marrane portugais, tous les rites de la lumière, dès le vendredi soir à El Biar[1]. Je revois l'instant où, toutes les précautions étant prises, ma mère ayant allumé la veilleuse dont la petite flamme surnageait à la surface d'un verre d'eau, il fallait soudain ne plus toucher au feu, ne plus allumer une allumette, surtout pas pour fumer, ni mettre le doigt sur un interrupteur. [...] Les choses ont changé depuis, même pour mes parents en une génération, et l'exil en France n'y est pas pour rien[2]. » Celui qui allait devenir l'un des plus grands philosophes français de son temps, portait ainsi en lui plusieurs « petites patries » originelles : celle de son enfance d'une apparente insouciance ensoleillée brisée par le régime de Vichy; celle de la raison et de la croyance en une République égalitaire; celle des rites religieux toujours pratiqués dans l'intimité du cercle familial. Quand la maladie le rapprochera de la mort, son rapport à l'Algérie se ravivera. Il sera, avec Pierre Bourdieu, l'un des fondateurs du Comité international de solidarité avec les intellectuels algériens, en 1993.

Réactions communautaires

On ne s'étonnera pas de voir la plupart des Européens d'Algérie saluer cette abrogation du décret Crémieux en 1940. Les bulletins confidentiels d'information trouvés dans les archives d'Aix-en-Provence soulignent que « l'abrogation du décret est

---

1. El Biar est un quartier sur les hauteurs d'Alger où vécut Jacques Derrida.
2. Jacques Derrida, « Les derniers marranes », commentaires à propos du livre de Frédéric Brenner, *Diaspora : terres natales de l'exil*, Paris, Éditions de la Martinière, 2003, in *Le Nouvel Observateur*, 14-20 octobre 2004.

unanimement approuvé par les Européens »... Le député-maire de Constantine, Émile Morinaud, s'exclame : « La joie s'est emparée des Français quand ils ont appris que le gouvernement Pétain abrogeait l'odieux décret. Nous avons toujours revendiqué contre les juifs la cause de la prépondérance française. Nous n'avons qu'à louer le gouvernement Pétain d'avoir répondu à l'appel des Français de ce pays opprimé depuis soixante-dix ans ! » La persistance d'un comportement antisémite largement répandu dans la société des « petits Blancs » de l'Algérie coloniale pousse de nombreux juifs d'Algérie à soutenir la résistance gaulliste.

Comment les institutions communautaires juives ont-elles réagi ? Suite à la décision du gouvernement du 7 octobre 1940 d'abroger le décret Crémieux, les présidents des consistoires israélites d'Alger, d'Oran, de Constantine, et les grands rabbins de ces trois villes adressent au maréchal Pétain, par l'entremise du gouverneur général de l'Algérie, une protestation qu'accompagne un mémoire sur la question. « À l'heure où tant des nôtres pleurent leurs morts ou demeurent dans l'angoissante attente des nouvelles de leurs disparus, nous apprenons avec un douloureux étonnement la suppression de nos droits civiques », écrivent-ils, alarmés. Rappelant un siècle d'assimilation et d'intégration dans la communauté française, ils affirment avoir rempli sans réserve tous leurs devoirs et prouvé en toute occasion leur amour indéfectible pour la France. Frappés de discrimination par une mesure injuste, ils s'indignent et continuent de revendiquer fièrement leur appartenance : « Jusqu'ici citoyens français, nous demeurons intégralement Français de cœur. » L'abrogation du décret Crémieux ne remet pas en cause, insistent-ils, leur ferveur patriotique. Ils ajoutent : « Ayant répondu en 14 à l'appel de la Patrie et combattu avec vaillance pour la défense du pays, il n'est pas une seule famille qui n'ait payé son tribut de morts, de blessés, de décorés, de veuves de guerre et de pupilles de la nation. Après soixante-dix ans d'exercice de leurs droits de citoyens, après deux guerres et les preuves si nombreuses et si fortes de leur attachement à la France, ils veulent marquer leur douleur et exprimer leur amertume devant les décisions de Vichy tout en croyant dans la vertu morale du Maréchal. » Les juifs d'Algérie, en cette année 1941, reprennent ainsi la thématique de l'époque qui voulait voir dans le maréchal Pétain un homme aux grandes vertus morales, « sauveur » de la France.

La déchéance de leurs droits politiques leur est d'autant plus pénible qu'elle intervient après soixante-dix ans d'exercice de ces derniers, et qu'elle évoque les rigueurs du Code pénal français à l'encontre de prisonniers de droit commun condamnés à cette privation infamante. « Tout autre aurait été la situation si les Israélites algériens n'avaient jamais exercé ces droits », reprochent-ils avec amertume. L'injustice, pour ces notables, est flagrante dans la mesure où elle ne touche pas les enfants d'étrangers (Espagnols et Italiens notamment) naturalisés depuis la fin du XIXe siècle. Reconnaissant la situation spéciale de l'Algérie comme « un grand carrefour de races », le gouvernement de Vichy avait en effet décidé de ne pas appliquer la législation métropolitaine sur les fils d'étrangers. «De sorte qu'en Algérie, ajoutent les responsables communautaires, un Français citoyen depuis soixante-dix ans, qui a participé à deux guerres, se voit rejeté de la citoyenneté française, alors que le fils d'étranger est maintenu dans ses droits, tout comme le naturalisé qui n'a pas participé à ces deux guerres reste citoyen français.» Pour terminer, les responsables de la communauté se défendent, par cette protestation, de vouloir créer une quelconque difficulté au gouvernement français alors qu'une grande partie de son territoire est occupé. «Si le décret d'abrogation du 7 octobre 1940 nous retire nos droits, nous conservons nos devoirs, assurent-ils. Nous les accomplirons. Tout comme par le passé, en tout désintéressement, animés du seul souci de la Grandeur de la France.» Exprimant leur «douleur de voir établir de telles distinctions entre des citoyens de même origine qui sont animés des mêmes sentiments français», ils veulent encore espérer et ne regrettent pas le choix de leur appartenance à la nation française[1]. Cette obstination ne manque pas de surprendre : il semble qu'au lieu de l'affaiblir, l'épreuve ait consolidé le lien avec la métropole coloniale. Comme si la période de Vichy signifiait la fin d'un long processus d'apprentissage et que sonnait enfin l'heure de vérité. Pourtant la vie quotidienne sous le régime de Vichy en Algérie était particulièrement dure.

Mais les juifs d'Algérie, eux, ne seront pas déportés vers les camps de la mort. Le débarquement des troupes anglo-américaines les a vraisem-

---
1. Voir documents en annexe.

blablement sauvés d'un sort tragique. Beaucoup en sont persuadés, différents témoignages le prouvent. Lors d'un colloque sur le judaïsme algérien le 5 juillet 1986, le grand rabbin Avraham Hazan raconte que le plan d'évacuation des juifs d'Algérie était prêt, listes de noms à l'appui. Il aurait suffi d'un ordre pour que la légion et les commissaires de police le mettent à exécution. Recensés famille par famille, tous les juifs auraient été embarqués et conduits à Auschwitz si les Américains n'avaient pas détruit les navires. « Il y a eu véritablement un miracle, dit-il. Si les bateaux s'étaient trouvés là, nous aurions tous été embarqués comme tous les autres, comme ceux de Salonique dont 85 % ne sont pas revenus[1]. » Seize camps de travaux forcés à vocations diverses, souvent gardés par d'anciens légionnaires ouvertement pronazis, furent cependant établis en Algérie, dont certains regroupaient les soldats juifs algériens de la classe 1939. À leur arrivée, en novembre 1942, les Anglo-Américains dénombrèrent 2 000 détenus dans ces camps.

UN LENT RETOUR DANS LA CITÉ FRANÇAISE

« Alors que la France était encore occupée en 1941-1942, le judaïsme algérien, lui, était gaulliste », poursuit Avraham Hazan. La dureté du régime de Vichy explique l'engagement d'une majorité de juifs aux côtés de la France libre et leur relative sympathie à l'égard du général de Gaulle, contrairement à la masse des « pieds-noirs » favorables au

---

[1]. Intervention du grand rabbin Avraham Hazan, Colloque sur le judaïsme algérien, *op. cit.*, p. 34.

régime de Pétain. Espérant servir le gaullisme, des juifs qui s'engagent spontanément se retrouvent souvent dans des camps de travail, à Gambetta et ailleurs, tant l'écart est total entre la vision de de Gaulle et celle des généraux qui dirigent l'Algérie. « Sur ma carte d'identité, précise le rabbin Hazan, il y avait encore, "Juif indigène algérien" pendant deux ans, avant que les juifs qui avaient tant fait pour la France ne soient enfin reconnus comme Français[1]. »

Le 8 novembre 1942, une escadre américaine débarque, au prix de lourdes pertes (1 500 morts enterrés dans le seul cimetière qui domine encore Oran), un important corps expéditionnaire à Alger, à Casablanca et à Oran. Une poignée de résistants, parmi lesquels émerge la figure de José Aboulker, ont préparé ce débarquement. La population juive accueille avec enthousiasme les troupes américaines. Chaque famille ouvre sa maison aux officiers américains et suit avec passion la progression des armées alliées sur des cartes épinglées aux murs des salles à manger.

Ce débarquement de novembre 1942 en Algérie est vécu par les Algériens musulmans comme une défaite supplémentaire de l'armée française. Après celle de juin 1940, celle de Syrie en 1941 et celle d'Indochine, la défaite de novembre 1942 met un point d'orgue à la crise de l'Empire français. Un accord provisoire est signé entre le général américain Clark et l'amiral Darlan alors présent à Alger. Le général Giraud prend le commandement en chef des troupes puis, après l'assassinat de Darlan

---

1. *Ibid.*, p. 6-7.

le 24 décembre 1942, reçoit le commandement civil et militaire. C'est la délivrance, mais les mesures prises par Vichy ne seront annulées qu'après bien des hésitations et des batailles livrées par les représentants de la communauté juive.

Le rétablissement du décret Crémieux sera long à venir : près d'une année après le débarquement anglo-américain de novembre 1942. La responsabilité de ces «lenteurs» incombe d'abord au général Giraud. C'est, clairement, un conservateur antisémite qui reproche aux juifs d'avoir «trop bruyamment manifesté leur joie au passage des troupes américaines», et «d'aspirer à leur revanche puisqu'ils demandent avec quelque véhémence l'abolition de toute législation antijuive[1]». Le nouveau pouvoir qui s'installe à Alger ne veut pas du rétablissement de la situation antérieure. Il refuse d'incorporer les recrues juives dans l'armée qui part pour l'Italie et la Provence, en l'expliquant ainsi dans une note du 30 janvier 1943 : «Cette mesure a paru nécessaire afin d'éviter que la situation d'ancien combattant ne puisse être acquise par l'ensemble de la population juive et pour ne pas engager l'avenir sur la question du statut qui leur sera donné après la guerre.» Les juifs seront donc versés dans des bataillons spéciaux de travailleurs non combattants, en Algérie ou au Maroc, sous le nom de «pionniers».

Giraud choisit comme nouveau gouverneur de l'Algérie Marcel Peyrouton, l'ancien ministre de Vichy, l'homme qui précisément avait décidé

---

1. Charles-Robert Ageron, *De l'Algérie française à l'Algérie algérienne*, op. cit., p. 426. Le général Giraud n'était pas un cas à part dans l'armée d'Afrique qui comptait un grand nombre d'antisémites ouvertement déclarés.

l'abrogation du décret Crémieux! Ce dernier freine manifestement le retour à la normale. Le *numerus clausus* est abandonné à la mi-février 1943 et, en mars, Marcel Peyrouton déclare que 3500 fonctionnaires juifs licenciés seront réintégrés. Mais au printemps 1943, le décret Crémieux n'est toujours pas rétabli. Pire : le 14 mars 1943, Peyrouton annonce qu'il va rompre avec la législation vichyssoise et que la législation postérieure au 22 juin 1940 est dénuée de toute valeur légale... à l'exception de l'abrogation du décret Crémieux. Il est donc promulgué au *Journal officiel* du 18 mars 1943, à la grande surprise de tous les membres de la communauté juive, une ordonnance d'abolition... du décret Crémieux ! Cette nouvelle loi raciale ne reprend même pas les exceptions prévues en faveur des anciens combattants décorés. L'argument est toujours le même : à vouloir satisfaire les juifs, le risque est grand de mécontenter les musulmans (à qui, d'ailleurs, on ne demande jamais leur avis...) [1]. Le leader algérien Ferhat Abbas déclare pourtant en avril 1943, au moment où il remet aux Américains son « Manifeste de la liberté » : « Nous ne nous opposons pas aux démarches des juifs pour récupérer leurs droits de citoyens français. Nous ne voulons pas d'égalité par le bas. »

La consternation est générale devant cette mesure prise par les nouvelles autorités. Et la réaction immédiate : le 5 avril 1943, les responsables du Comité juif d'études sociales adressent aux pouvoirs publics une protestation solennelle dans

---

1. Cet argument est répété sans cesse par les Européens depuis la promulgation du décret Crémieux et ce, dès l'origine. L'insurrection de 1871 en Kabylie est ainsi expliquée comme une réaction musulmane au décret Crémieux.

laquelle ils constatent « avec peine et stupeur l'abolition sans consultation préalable du Peuple français d'une législation élaborée sous la monarchie, préparée par l'Empire, réalisée par le Gouvernement de la Défense Nationale et ratifiée par la République ». Rappelant qu'aux termes mêmes de la Déclaration des droits de l'homme et du citoyen, la qualité de citoyen est imprescriptible, et qu'il ne saurait être porté atteinte à son exercice après soixante-treize années d'une citoyenneté sans reproche mise à l'épreuve de deux guerres, les représentants de la communauté juive précisent qu'au moment même où l'on « restitue aux Français juifs algériens les droits dont ils avaient été illégalement privés, on ne peut tenter de leur reprendre partie de ces droits en rétablissant certaines incapacités et en les empêchant de remplir leurs devoirs militaires au même titre que les autres citoyens ». En outre, « la politique traditionnelle de la France à l'égard des populations indigènes n'a jamais été une politique de nivellement par le bas, mais une politique plus généreuse et plus humaine d'élévation à sa propre civilisation », soulignent-ils, en déclarant solennellement que les juifs algériens sont et resteront intégralement français.

Dans l'esprit des nouvelles autorités, la République restaurée doit aller de l'avant, construire la France nouvelle à Alger capitale de la France libre. Tels sont les mots d'ordre. On avance donc, sans se préoccuper du statut des juifs, d'autant qu'un rétablissement du décret Crémieux pourrait provoquer des troubles chez les indigènes musulmans et susciter l'exaspération de la majorité européenne restée vichyste, sur laquelle veut s'appuyer Giraud.

De leur côté, les responsables de la communauté juive n'auront de cesse de se voir rétablis dans leur citoyenneté française et dans leurs droits. Ayant perdu leurs biens, leur travail, ayant été mis au ban de la société française, les juifs d'Algérie n'ont pas le temps d'attendre et de discuter de la conception de la société nouvelle sous la République fraternelle et universelle. Pour eux, qui avaient digéré et sélectionné à leur profit certains aspects de la culture conquérante (laïcité et pratique religieuse dans la sphère privée, ouverture vers une conception universaliste des droits de l'homme, citoyenneté pleine promise par la République) et qui élaboraient la nouvelle culture d'un judaïsme oriental fortement laïcisé, il était impossible de concevoir un quelconque retour en arrière. Le plus simple, à leurs yeux, était donc de rétablir le décret Crémieux et d'abroger la législation de Vichy. Décision que ni Giraud, ni de Gaulle, lorsqu'il arrive au pouvoir en mai 1943, ne se résoudront à prendre.

Tout au long de cet été 1943, les organisations de gauche protestent et exigent le rétablissement du décret Crémieux. Ils s'indignent de voir certains juifs internés «à Bedeau ou envoyés à Sedrata pour ramasser de l'alfa au lieu d'être repris comme citoyens et de les faire participer au combat de la France et des Alliés[1]». Dans le premier numéro de *Liberté*, du 1er juillet 1943, la position des communistes est claire : «Nous répudions toutes les inégalités de droit entre les hommes. Nous réclamons le droit à la vie pour tous les Algériens, sans distinction. Et nous proclamons que le moyen le plus

---

1. Intervention du grand rabbin Avraham Hazan, Colloque sur le judaïsme algérien, *op. cit.*, p. 40.

rapide d'unir l'Algérie, c'est d'instaurer l'égalité de droits de tous ses habitants.» Pour eux, l'abrogation du décret Crémieux «était un relent d'antisémitisme, porteur de tous les poisons nazis» et une mesure contraire aux traditions du droit français. Pénalisant rétroactivement des personnes qui n'étaient coupables d'aucune offense, elle dépouillait de leur qualité de citoyens des Français de naissance qui n'avaient pas démérité et se voyaient infliger une peine infamante.

Il faudra des centaines de pétitions pour que le 22 octobre 1943, un an donc après le débarquement anglo-américain, le décret Crémieux soit rétabli et que les juifs d'Algérie redeviennent français. La lenteur et les tergiversations à propos de cette mesure sont significatives du degré d'estime dans lequel la communauté juive d'Algérie était tenue par les responsables métropolitains français.

Les généraux de Gaulle et Giraud ordonnent ainsi par six articles la réintégration des administrateurs, présidents-directeurs généraux, administrateurs délégués, secrétaires généraux, agents et employés des entreprises publiques ; la suppression du *numerus clausus*, la réintégration des autres catégories d'agents des entreprises dans leurs fonctions. «Leur non-réintégration, est-il écrit, donnera aux intéressés le droit à un recours devant la juridiction normalement compétente dans un délai de trois à six mois – les dépenses résultant de l'application de la présente ordonnance étant à la charge des sociétés et entreprises en cause.»

Le rétablissement du décret Crémieux est à peine promulgué que les grands rabbins d'Oran, de Constantine et d'Alger expriment, au nom des associations consistoriales israélites de ces trois villes et de tous les fidèles juifs d'Algérie, leur « profonde satisfaction pour l'acte de justice que le Comité Français de la Libération vient d'accomplir en déclarant que "le décret Crémieux se trouve maintenu en vigueur" ». Maurice Eisenbeth, grand rabbin d'Alger, manifeste quant à lui le regret de ce qu'il ait fallu aux « Israélites algériens attendre près d'un an le rétablissement de leurs droits politiques après avoir patienté près de cinq mois pour voir abolie la législation raciste édictée par Vichy[1] ».

Les partis de gauche, PCF et SFIO, étroitement associés aux décisions politiques prises à Alger, se félicitent également de ce rétablissement. Michel Rouze rapporte dans *Alger Républicain* que « se trouve enfin effacé le dernier vestige des lois raciales qui avait été malheureusement confirmé le 14 mars dernier. Car l'abrogation du décret Crémieux, si elle correspondait parfaitement à l'ensemble des mesures hitlériennes édictées par Vichy, était en contradiction évidente avec l'esprit qui dictait le retour au régime républicain ». En effet, l'affirmation des autorités selon laquelle le décret Crémieux devait être abrogé au nom même des principes antiracistes était vraiment osée. Le fonctionnaire qui suggéra cette perle savait bien que son assertion était contraire à la vérité historique et même au simple bon sens. C'était là une dernière consolation aux éléments d'Algérie favorables au régime de Pétain, à qui le rétablissement de la République enlevait tant d'espoir. Le rétablissement

---

1. Lettre adressée par le grand rabbin d'Alger M. Eisenbeth à « M. le Général de Gaulle, Président du Comité français de la Libération nationale », le 31 octobre 1943.

du décret Crémieux est effectivement mal perçu par les Européens d'Algérie qui y voient une « capitulation » du général de Gaulle devant les pressions américaines. On trouve dans les archives une série de rapports et de notes sur « l'état d'esprit de la population européenne » : les sentiments antisémites n'ont guère changé depuis 1940... Un haut fonctionnaire pied-noir appartenant au Commissariat aux colonies écrit ainsi, en mars 1944 : « Les juifs indigènes d'Algérie n'ont pas d'attaches avec la Métropole ou n'en ont que très peu. Leur sentiment patriotique ne peut être aussi vif que celui des Français de pure souche. » Évoquant la restitution de leurs biens, le même auteur écrit : « L'instinct bien connu des Israélites leur a permis d'accaparer en fait certains marchés, de constituer des fortunes immobilières considérables. On leur impute aussi, à tort ou à raison, la responsabilité des hautes altitudes du marché noir, et, pour une grande part, l'abaissement de la morale publique. »

À gauche, pensant à une autre catégorie d'« indigènes de la République », les Algériens musulmans, le rédacteur d'*Alger Républicain* précise que « les pouvoirs publics français auront à fixer de manière définitive non seulement la position des Israélites algériens, mais celle de toutes les catégories de la population algérienne ». De son côté, le Parti communiste algérien salue « cette décision comme un retour à la légalité républicaine française, aux traditions séculaires de la France des Droits de l'Homme et du Citoyen. Nous n'avons jamais cessé de réclamer pour tous l'égalité totale et de considérer l'abrogation du décret Crémieux comme une mesure contraire à l'esprit républicain ».

La satisfaction est générale, mais la blessure reste profonde, comme en témoigne, encore une fois, Jacques Derrida : «C'est une expérience qui ne laisse rien intact, un air qu'on ne cesse plus jamais de respirer. Les enfants juifs sont expulsés de l'école. Bureau du surveillant général : tu vas rentrer chez toi, tes parents t'expliqueront. Puis les Alliés débarquent, c'est la période du gouvernement bicéphale (de Gaulle-Giraud) : les lois raciales maintenues près de six mois, sous un gouvernement français "libre". Les copains qui ne vous connaissent plus, les injures, le lycée avec les enseignants expulsés sans un murmure de protestation de collègues. On m'y inscrit, mais je sèche pendant un an. [...] Avec d'autres, j'ai perdu puis recouvré la citoyenneté française, je l'ai perdue pendant des années sans en avoir d'autre. Pas la moindre, vois-tu. [...] Une citoyenneté, par essence, ça ne pousse pas comme ça, c'est pas naturel, mais son artifice et sa précarité apparaissent mieux, comme dans l'éclair d'une relation privilégiée, lorsque la citoyenneté s'inscrit dans la mémoire d'une acquisition récente : par exemple la citoyenneté française accordée aux juifs d'Algérie par le décret Crémieux en 1870. Ou encore dans la mémoire traumatique d'une "dégradation", d'une perte de la citoyenneté[1].»

Tout au long de l'année 1944, la population européenne bascule politiquement. On fait la fête autour des «libérateurs» américains qui déversent nourriture, vêtements et musique de jazz. Les idéaux de la «Révolution nationale» prônée par le

---
1. Jacques Derrida, *La Contre-Allée, op. cit.*, p. 87-88.

régime du maréchal Pétain sont mis au rebut, momentanément oubliés ! On ne pense plus qu'à jouir d'une liberté enfin retrouvée. L'euphorie générale n'effacera cependant pas le traumatisme que le régime de Vichy a infligé à la communauté juive d'Algérie. Même s'ils n'ont pas eu à subir le sort atroce des juifs en France, ceux d'Algérie ont quotidiennement vécu l'humiliation du retour à l'indigénat. Ils ne l'oublieront pas, notamment au moment de la guerre d'Algérie. Confortés dans l'idée qu'il leur faut défendre les idéaux de la République française en terre algérienne, ils refuseront de se ranger du côté des idéologies extrémistes véhiculées par les partisans ultras de l'Algérie française, pour la plupart anciens adeptes de Vichy. Du côté des Algériens musulmans, leur préférence ira à Ferhat Abbas, l'homme qui préconise des réformes profondes dans le cadre d'une Algérie encore liée à la France, plutôt qu'à Messali Hadj, qui leur semble très radical dans ses choix séparatistes. Seule une petite minorité, liée à des cercles d'extrême gauche (communistes ou anarchistes), considérera avec sympathie les indépendantistes algériens.

Vichy et les rapports judéo-musulmans

En 1940, les juifs d'Algérie se distinguent des indigènes algériens musulmans par leur mode d'insertion dans la société locale : scolarité francophone, premières études supérieures, trajectoires professionnelles et sociales ascendantes. Ils se rapprochent néanmoins d'eux dans leur rapport au fait religieux : les juifs « francophones » demeurent profondément pratiquants dans l'espace privé et une grande majorité défend une autonomie du politique par rapport à la religion. Quelle est la réaction des élites indigènes musulmanes au moment où les juifs, citoyens français depuis soixante-dix ans, se voient rabaissés à la condition d'indigènes, privés de tous leurs droits politiques ? L'article 2 se veut conciliant à leur égard : « Les droits politiques des juifs indigènes seront désormais réglés par les textes qui fixent les droits politiques des indigènes musulmans. » Le message est clair : les juifs n'ont pas à avoir plus de droits que les musulmans, tous les indigènes sont donc traités sur le même pied... d'infériorité par rapport aux Européens. Pour les responsables musulmans, Vichy a instauré une égalité dans la discrimination. L'historien Charles-Robert Ageron cite ainsi ce propos d'un informateur algérien travaillant pour le Deuxième Bureau français : « On n'a pas fait de cadeaux aux musulmans en rendant une nouvelle catégorie d'Algériens malheureux. [...] Au contraire, on nous a enlevé un argument essentiel pour l'amélioration de notre sort. » Les élites musulmanes ne sont donc pas satisfaites de la nouvelle situation. Me Boumendjel, avocat du leader indépendantiste algérien Messali Hadj, écrit à des notables juifs d'Algérie : « Bien loin de se réjouir des mesures discriminatoires dont on accablait les juifs, les musulmans ont simplement pu se rendre compte qu'une citoyenneté qu'on retirait après soixante-dix ans d'exercice était discutable par la faute de ceux-là mêmes qui l'avaient octroyée. Nos adversaires ne se doutaient pas qu'en infériorisant le juif, ils ne pouvaient que le rapprocher davantage des musulmans. Ce côté du problème semble leur avoir échappé. » Le 29 novembre 1942, peu de temps après le débarquement anglo-américain qui allait mettre fin au régime de Vichy en Algérie, Me Boumendjel note encore : « Si l'antagonisme éventuel entre les deux communautés, dont parlaient certains notables juifs, avait existé, il n'aurait pas manqué de se traduire dans les faits au cours des deux années qui viennent de s'écouler. Et pourtant, rien n'a été épargné pour opposer une fois de plus la communauté musulmane et la communauté israélite. » Cette lettre, trouvée dans les archives de la famille Boumendjel, avait été cosignée par le responsable des Oulémas, Tayeb el Okbi. Et il est vrai que la manœuvre de Vichy consistant à faire de l'antijudaïsme un moyen de satisfaire les musulmans et de les dresser contre les juifs a échoué, en les rapprochant, au contraire, sans pour autant faire basculer la communauté juive vers les thèses de l'indépendantisme algérien. Car, finalement, le régime de Vichy et l'abrogation du décret Crémieux ont poussé les juifs d'Algérie à considérer l'assimilation promise par ce fameux décret comme leur bien le plus précieux. De la même façon, le rétablissement de ce décret et la reprise de leur identité française les ont conduits à dévaloriser injustement tout ce que leur avait apporté l'histoire de l'Algérie musulmane et leur propre histoire juive. Il n'en demeure pas moins que, si l'insurrection algérienne avait éclaté à la fin de l'époque vichyssoise, elle aurait sans doute attiré la sympathie d'un grand nombre de juifs, car pendant cette sombre période, les Algériens musulmans ne se sont livrés à aucun acte hostile envers eux. Ce fut leur honneur, même si certains n'ont pas été indifférents aux avances du régime de Vichy envers « nos frères musulmans ». L'historien algérien Aïssa Chenouf rapporte, par exemple, que « Ferhat Abbas et M. Sator, deux dirigeants du "Manifeste algérien", ont fait savoir à des notables de la communauté juive que, chaque fois qu'ils ont été reçus par Marcel Peyrouton, ils ont dit au gouverneur, comme la plupart de leurs coreligionnaires musulmans, qu'ils réprouvaient l'abrogation du décret Crémieux et, d'une manière plus générale, l'attitude des autorités envers l'Algérie [1]. » Par ailleurs, à la différence des Européens, on a vu que très peu de musulmans se sont portés acquéreurs de biens juifs « aryanisés ».

Cependant, après le débarquement anglo-américain de novembre 1942, la méfiance revient s'installer entre les deux communautés. Les mesures prises par Vichy ont réuni les « indigènes », mais la situation a changé. Jusqu'en 1939, les principaux réseaux économiques étaient tenus par les Européens et, dans une moindre mesure (à travers le commerce), par les juifs. La défaite surprise de mai 1940 provoque un effondrement des ressources et le gouvernement du maréchal Pétain est très vite contraint de contingenter sévèrement les denrées alimentaires ou les tissus. Dans un rapport, accablant pour les autorités, à propos des massacres intervenus en mai 1945 à Sétif et Guelma, sur lequel nous reviendrons, Marcel Reggui, après avoir effectué une longue enquête en 1946 dans toutes les communautés, écrit : « Les juifs, qui auraient pu

---

1. Aïssa Chenouf, *Les Juifs d'Algérie, 2 000 ans d'existence*, op. cit., p. 119-120.

largement s'enrichir de ce trafic, en furent écartés par les lois raciales promulguées par Vichy. La route du commerce clandestin était libre, facile, fructueuse. Les musulmans usèrent de ce providentiel concours de circonstances pour améliorer leur vie ou élargir leurs entreprises ou en créer de nouvelles. Ils apprirent, de 1940 à 1942, à commercer hardiment et collectivement. Aussi, lorsque la venue des Alliés rendit aux israélites leur liberté commerciale, ceux-ci se trouvèrent-ils en concurrence serrée avec les musulmans, ces derniers ayant acquis l'avantage du nombre, de la technique et de la cohésion [1]. »

Cette concurrence sociale qui s'installe alimente les soupçons et les ressentiments. L'attitude des notables musulmans évolue. Ils craignent pour leur communauté un simple retour à la situation d'avant 1940, où rien ne changerait pour eux. Les arguments de l'avant-guerre sont de nouveau utilisés. Ferhat Abbas envoie ainsi une lettre, retrouvée dans les archives d'Aix-en-Provence, au préfet d'Alger en janvier 1943 : « Il me parvient de tous côtés que certains éléments importants de la population juive s'emploient à dénigrer systématiquement, auprès des Anglo-Américains, les musulmans algériens. Je fais appel, Monsieur le Préfet, à votre haute autorité pour intervenir auprès des dirigeants israélites afin de mettre un terme à cette propagande insidieuse et malhonnête. Ce n'est pas la première fois que les juifs adoptent une double attitude et se livrent à un double jeu. Le torpillage du Projet Viollette en

---

1. Marcel Reggui, *Les Massacres de Guelma, Algérie, mai 1945. Une enquête inédite sur la furie des milices coloniales*, préface de Jean-Pierre Peyroulou, Paris, La Découverte, 2006, p. 54.

1936 est encore présent dans notre mémoire. Il convient, dans leur propre intérêt, de les persuader que les méthodes d'hier sont périmées et que nous nous devons, les uns et les autres, une franchise et une loyauté réciproques. »

Plus tard, pendant la guerre d'Algérie, les dirigeants indépendantistes algériens utiliseront l'argument de l'antisémitisme déployé au temps de Vichy pour justifier la nécessaire unité entre musulmans et juifs dans la perspective de la création d'une nation algérienne indépendante. Ainsi, dans la plate-forme adoptée par le FLN au congrès de la Soummam en août 1956, on peut lire l'avertissement suivant : « La communauté israélite se doit de méditer sur la condition terrible que lui a réservée Pétain et la grosse colonisation : privation de la nationalité française, lois et décrets d'exception, spoliations, humiliations, emprisonnements, fours crématoires, etc. Avec le mouvement Poujade et le réveil du fascisme qui menace, les juifs risquent de connaître de nouveau, malgré leur citoyenneté française, le sort qu'ils ont subi sous Vichy[1]. »

Par la suite, à la fin de la guerre, en janvier 1962, quand la tentation du passage à l'OAS gagnera certains membres de la communauté juive, le FLN fera paraître un texte rappelant une nouvelle fois le temps de Vichy : « Ceux qui vous compromettent aujourd'hui par leurs déclarations et leurs actes sont ceux-là mêmes qui, hier, sous le gouvernement de Vichy, s'étaient rendus les auxiliaires des nazis. Ils vous faisaient supporter les plus inhumaines iniquités en spoliant vos biens, en vous chassant de vos

---

[1]. Plate-forme du congrès de la Soummam, août 1956, « Appel aux compatriotes israélites ».

emplois, renvoyant vos enfants des collèges et des lycées, etc. Certains d'entre vous ont peut-être oublié cette époque pour tremper sciemment dans les crimes des colonialistes sous prétexte de contre-terrorisme à Constantine ou à Alger[1]. »

Sous Vichy, c'est surtout dans les vieilles générations que se manifeste une proximité entre juifs et musulmans algériens. La majorité des juifs au-dessus d'un certain âge connaît la langue arabe et pour beaucoup, parmi les plus âgés, elle est même plus familière que le français[2]. Sur le plan économique également, les relations se révèlent souvent plus proches. Les rapports entre les « pieds-noirs » non juifs (surtout les colons à la campagne) et les Algériens musulmans sont empreints de paternalisme, alors que beaucoup de juifs pratiquent le commerce des « tissus indigènes » ou de la bijouterie[3] qui les amène à entretenir avec leurs clients arabes des relations moins hiérarchisées. La question sociale rapproche les deux communautés, même si leur statut juridique, entre 1870 et 1940, est profondément différent.

Un moment tragique, Sétif en 1945

Un événement va mettre à l'épreuve les rapports judéo-musulmans dès la fin de la Seconde Guerre

---

1. Tract du GPRA (Gouvernement provisoire de la République algérienne), janvier 1962.
2. Sur la cohabitation en Algérie de deux sociétés très proches, juive et musulmane, que la revendication d'une identité théologique forte a placées dans une longue et douloureuse situation de face-à-face et côte à côte, voir Albert Bensoussan, *L'Échelle de Mesrod, ou Parcours algérien de mémoire juive*, Paris, L'Harmattan, 1984.
3. C'est le cas de la famille de ma mère, les Zaoui, à Constantine.

mondiale : les massacres de Sétif et de Guelma dans le Constantinois.

En mai 1945, Sétif est un gros bourg anesthésié, vivant entre torpeur et nonchalance comme beaucoup d'autres villes dans l'Algérie coloniale. Le cloisonnement des populations y est inscrit dans la pierre : un important quartier militaire au nord, un quartier européen groupé autour de l'artère principale, plantée d'arbres, qui s'étend de la place de Constantine (près du collège colonial) à la place Joffre ; et le « village indigène » de Bel Air. La communauté musulmane est, de loin, la plus importante de la ville, elle compte environ seize mille membres pour dix mille Européens et quatre mille juifs. Ces derniers forment la cinquième communauté par ordre d'importance après celles d'Alger, Oran, Constantine et Tlemcen. À Sétif, la pauvreté touche la majorité des familles juives. Dans une correspondance du rabbin de la ville Joseph Cohen à l'Alliance israélite universelle (AIU), le 9 décembre 1907, on peut lire : « Malheureusement sur les cinq cents familles israélites que compte Sétif, les trois quarts sont pauvres. » Et Jean Laloum, qui a travaillé sur les archives de l'AIU, note : « De nombreux rapports font mention de cette misère endémique, et cela jusqu'à la veille même de l'indépendance de l'Algérie de 1962[1]. » La communauté juive de Sétif subit durement le rejet exprimé par la communauté européenne, les dénonciations accusatrices comme celle du bâtonnier Henri de Bourges qui, le 16 mai 1941 dans une lettre à Xavier Vallat, le commissaire général aux

---

1. Jean Laloum, « Sétif, la fervente », in *Les Juifs d'Algérie, images et textes*, sous la direction de Jean-Luc Allouche et Jean Laloum, *op. cit.*, p. 155.

Affaires juives, suggère de limiter le nombre des avocats juifs de Sétif car « sur douze avocats quatre sont israélites »...

En 1945, Sétif est surtout connue en raison de la personnalité éminente de... son pharmacien, Ferhat Abbas. Né à Taher, en 1899, dans le Constantinois, fils de caïd, il a participé activement au mouvement «Jeune Algérien» qui réclamait, jusqu'en 1936, l'égalité des droits dans le cadre de la souveraineté française. C'est l'homme qui a voulu penser la «mixité» franco-algérienne, la reconnaissance mutuelle de deux pays, dans leurs traditions, leurs cultures, leurs histoires spécifiques : pour lui, on pouvait être à la fois français à part entière et musulman à part entière. Pendant la guerre, il s'éloigne des positions «assimilationnistes», se rapproche des notables de la communauté juive redevenus «indigènes». Déçu par le régime de Pétain auquel il s'est adressé, il rédige, le 26 mai 1943, un manifeste demandant un nouveau statut pour l'Algérie. Le 1er mars 1944 naît l'association des Amis du manifeste de la liberté (AML). Le PPA indépendantiste de Messali Hadj décide de la soutenir mais, le 2 avril 1945, lors de la conférence centrale des AML, la tendance radicale du PPA l'emporte largement. Dans la résolution générale, il n'est plus question de «République autonome fédérée à la République française», mais de la création d'un «Parlement et d'un gouvernement algériens». Le 23 avril 1945, les autorités françaises décident la déportation de Messali Hadj à Brazzaville. De son côté, Ferhat Abbas veut encore croire que la volonté politique est capable d'ébranler les forces de l'immobilisme colonial. Il exhorte les impatients, dans sa ville de Sétif comme dans le reste de l'Algérie, à ne pas se laisser entraîner dans des actions désespérées... Et pourtant l'histoire va brusquement s'accélérer.

À la radicalisation politique s'ajoute une grave crise économique. Une mauvaise récolte provoque la famine dans les campagnes. On voit affluer vers les villes du Constantinois des milliers de paysans affamés, qui convergent vers les soupes populaires. Le 8 mai 1945, jour de la signature de l'armistice, dans la plupart des villes d'Algérie, des cortèges d'Algériens musulmans défilent avec des banderoles portant comme mot d'ordre : « À bas le fascisme et le colonialisme. » À Sétif, la police tire sur les manifestants algériens. Ces derniers ripostent en s'attaquant aux policiers et aux Européens. C'est le début d'un soulèvement spontané, à La Fayette, Chevreuil, Kherrata, Oued Marsa... On relève 103 tués et 110 blessés parmi les Européens. Les autorités organisent une véritable « guerre des représailles », selon l'expression de l'historien algérien Mahfoud Kaddache. Elle tourne au massacre. Fusillades, ratissages, exécutions sommaires parmi les populations civiles se poursuivent durant plusieurs jours sous la direction du général Duval. Les villages sont bombardés par l'aviation. Les nationalistes algériens avanceront le chiffre de 45 000 morts, des sources françaises font état de 15 000 à 20 000 morts [1].

Lors d'une enquête menée quelques mois après les faits pour tenter de retrouver son frère et sa sœur disparus (ils ont été assassinés et leurs corps

---

1. Voir la remarquable mise au point de Jean-Louis Planche, *Sétif 1945*, Paris, Perrin, 2006.

vraisemblablement brûlés), Marcel Reggui, Algérien musulman converti au catholicisme dans les années 1920, recueille de nombreux témoignages, accablants, sur le massacre commis à Guelma, une ville située non loin de Sétif. Le compte rendu de cette enquête vient seulement d'être publié soixante ans après la tragédie. Les descriptions sont terribles : « Nous avons entendu de la bouche de témoins qui ont miraculeusement échappé à la boucherie des récits qui ne cèdent en rien à ceux que la presse ou les ouvrages nous ont rapportés des enfers germaniques. [...] À coups de crosse, de trique, à trois ou quatre miliciens, avec un zèle jamais las, ils battaient le musulman, partout, sur la bouche, sur le front, sur les parties sexuelles, sur le dos, sur les tibias. Et longtemps, longtemps. Ni cris, ni prières, ni hurlements ne les arrêtaient. Au contraire, ils éprouvaient une joie sadique à martyriser les corps jeunes ou vieux ; toute haine bue, et leurs forces enfin fléchies, ils contemplaient avec une joie sauvage ces corps inertes, dégoulinants. Le jeudi 10 mai 1945, plus de cent soixante musulmans de Guelma ont subi ces tortures incroyables[1]. »

En Algérie, rien ne sera plus comme avant l'épisode tragique de mai 1945. Le fossé s'est considérablement élargi entre la masse des Algériens musulmans et la minorité européenne. Une nouvelle génération entre en scène, qui en viendra à faire de la lutte armée un principe absolu. La guerre d'Algérie a-t-elle commencé à ce moment-là, précisément ? Arrêté au lendemain des « événements » de mai 1945, Ferhat Abbas dans sa prison

---

1. Marcel Reggui, *Les Massacres de Guelma, Algérie, mai 1945*, op. cit. p. 90.

rédige un « Testament », qui est une longue méditation sur les effets néfastes, dévastateurs de la violence politique à l'œuvre dans le nationalisme radical[1].

Très éprouvés par la période vichyssoise et ses humiliations, les juifs de Sétif, de Guelma et des environs se tiennent à l'écart des événements, d'autant plus que, comme le rappelle l'historien Jean Laloum, « une large partie de la communauté musulmane a exprimé une grande sympathie à l'égard des familles juives[2] ». Dans son enquête minutieuse, Marcel Reggui ne cite qu'un seul nom juif parmi les membre des « comités de salut public » de Guelma[3], ces comités de civils chargés d'organiser la répression. Quelques noms de juifs apparaissent toutefois comme interprètes dans des « comités » qui pendant quelques jours se sont érigés en tribunaux d'exception. À l'inverse, des responsables communautaires interviennent, à la fin du mois de juin, en faveur des victimes musulmanes de la répression. Le 27 juin 1945, à l'initiative d'Élie Gozlan et de Lamine Lamoudi, des personnalités juives et musulmanes se réunissent au Cercle du Progrès, situé place du Gouvernement

---

1. Après sa libération, en 1946, Ferhat Abbas fonde l'Union démocratique du manifeste algérien (UDMA). Se qualifiant de nationaliste modéré, il est élu à la Seconde Assemblée constituante en 1946, puis à l'Assemblée algérienne en 1948. Déçu par l'immobilisme politique français, il se ralliera secrètement au FLN en juin 1955, gagnera Le Caire et deviendra membre du Conseil national de la révolution algérienne (CNRA) dès le 20 août 1956, et présidera le gouvernement provisoire de la République algérienne (GPRA) de septembre 1958 à août 1961. Au lendemain de l'indépendance, élu président de l'Assemblée constituante, il se heurtera très vite au régime du parti unique, sera mis en résidence surveillée puis libéré en 1965. Ferhat Abbas décédera le 23 décembre 1985.
2. Jean Laloum, « Sétif, la fervente », *art. cit*, p. 157.
3. Il y avait en 1945 un millier de juifs à Guelma, pour trois mille Européens et cinq mille musulmans environ.

(aujourd'hui appelée place des Martyrs), au pied de la Casbah, pour lancer une souscription. Circulant sans bruit parmi les commerçants, elle est bien accueillie dans les deux communautés[1]. Élie Gozlan avait été en 1936 vice-président du Congrès musulman avec Lamine Lamoudi, et en 1943 l'un des principaux artisans du rétablissement des juifs d'Algérie dans leurs droits. En mai 1945, c'est l'un des notables juifs d'Alger qui, comme le note l'historien Jean-Louis Planche, exprime le mieux « avec la prudence nécessaire, le sentiment que les musulmans du Constantinois ont bien des excuses d'avoir cédé à la colère, dans l'état de misère où ils vivent[2] ».

Il n'est pas le seul. Contre les déclarations mensongères des représentants de la colonisation, prétendant que les Algériens musulmans avaient tiré les premiers contre les Européens à Guelma, en mai 1945, José Aboulker, député d'Alger, déclare ainsi, à la tribune de l'Assemblée nationale : « À Guelma comme à Sétif [...] la police tire la première, mais le bilan est beaucoup moins grave. [...] Autour de Sétif, comme autour de Guelma, les tueurs opèrent dans la campagne, tuant, pillant, incendiant. [...] Ceux qui prétendent y voir l'expression d'un fanatisme religieux se trompent ou sont de mauvaise foi. Il n'est, que je sache, aucune religion qui prêche le meurtre et encourage l'assassinat, la religion islamique pas plus qu'une autre. Dès que la nouvelle du massacre s'est répandue, les plus hautes autorités religieuses de l'Algérie arabe ont été unanimes à les flétrir. Au moment où Wey-

---

1. Sur ce point, voir Jean-Louis Planche, *Sétif 1945, op. cit.*, p. 123.
2. *Ibid.*, p. 147.

gand, fidèle image nord-africaine de Pétain, donnait l'exemple de la trahison, pourchassait les résistants et répétait tous les jours que le général de Gaulle était un traître, la population musulmane résista à toutes les provocations et déjoua toutes les manœuvres de la propagande et des agents ennemis[1]. »

De son côté, le Pr Henri Aboulker, un des membres les plus en vue de la communauté juive d'Algérie, agrégé de médecine, président d'honneur de la Fédération radicale-socialiste, décoré de la croix de guerre et de la médaille de la Résistance, publie dès le 26 juin 1945 dans *Alger Républicain* un long article intitulé « Dialogue avec mon ami musulman » qui pose la question de l'amnistie : « Les Arabes ne sont pour les Européens d'Algérie "nos frères musulmans" qu'aux heures de guerre, et redeviennent de "sales bicots" dès la victoire. » Et il ajoute, ce qui sème la consternation dans les milieux européens : « Il faudrait en Algérie une nuit du 4 Août, mais cette proposition ferait rire ; quant à répéter que la solution est de s'aimer entre musulmans et Français, cela me ferait pleurer. Il ne me reste qu'à voter l'amnistie. » Tout au long du mois de juillet 1945, le Pr Aboulker demande dans *Alger Républicain* la libération des musulmans internés préventivement, dénonce le racisme, cette « crise d'arabophobie aiguë » qui déferle sur l'Algérie, et conseille de voter « l'amnistie avant d'avoir perdu totalement la tête[2] ».

---

1. *Journal officiel de la République française*, année 1945, n° 56, Mercredi 11 juillet — Séance du Mardi 10 juillet 1945. Présidence de M. Félix Gouin. Séance ouverte à 15 heures. José Aboulker, p. 1351.
2. *Alger Républicain*, 21 juillet 1945.

Ces prises de position de personnalités si importantes rencontrent un écho parmi les juifs d'Algérie. Et cela laissera des traces. Revenant trente-cinq ans après les massacres à Sétif, pour les besoins d'une enquête ethnologique, dans la maison de son grand-père, « Dar-Refayil », Joëlle Bahloul observe combien les souvenirs de l'entente judéo-arabe étaient prégnants dans cette ville : « J'enregistrais le passé à presque vingt ans de distance après l'indépendance, et les probables hostilités d'autrefois s'étaient peut-être effacées avec le temps et le poids des idéologies d'aujourd'hui. Mais comment expliquer dans ces conditions la spontanéité de l'accueil chaleureux des femmes de Dar-Refayil en 1980, et de l'émouvante invitation qui s'ensuivit. Les souvenirs des juifs étaient étayés par un régiment de détails pratiques, d'évocations de gestes et de personnalités. [...] Et les femmes juives se souviennent avec émotion des larmes versées par leurs voisines le jour de leur départ[1]. »

Reste qu'à l'époque, pour la majorité de la population juive, ces événements tragiques accentuent le sentiment d'une crise de la présence française. Les derniers ruraux quittent leurs petits bourgs et se replient vers des villes plus importantes, comme Constantine qui voit l'arrivée de familles des environs de Sétif et de Guelma. Ce sentiment de crise et d'insécurité se traduit aussi par le départ vers la Palestine de jeunes acquis à la cause du sionisme politique.

---

1. Joëlle Bahloul, *La Maison de mémoire, ethnologie d'une demeure judéo-arabe en Algérie (1937-1961)*, Paris, Métailié, 1992, p. 151 et 155.

La Palestine, Israël, le génocide de la Seconde Guerre mondiale

Dans les années 1920-1930, comme en témoigne une lecture attentive des archives ou la presse du *Bulletin de la Fédération des Sociétés juives d'Algérie*, les représentants de la communauté ne discutent que très peu des «événements» de Palestine. En 1935, William Oualid, dans sa nécrologie de Sylvain Lévy, président de l'Alliance israélite universelle, raconte qu'après la Grande Guerre, quand se posèrent les grands problèmes juifs des minorités, de la Palestine et du sionisme, Sylvain Lévy fut choisi comme conseiller pour les affaires juives du gouvernement français. Bien qu'ayant publié *Renaissance juive en Judée*, Sylvain Lévy n'était pas sioniste, affirme encore William Oualid. «Au contraire, son patriotisme français se révolte à l'idée de la création d'un État juif. Son judaïsme est intellectuel et spirituel, point politique. Et s'il accueille avec joie la fondation de l'Université juive de Jérusalem, s'il y assiste, il déplore le nationalisme juif. En cela, il demeure fidèle à la tradition émancipatrice et assimilatrice de l'Alliance dont il incarne si bien la doctrine [1].» Le courant vers la France l'emporte largement sur celui du sionisme politique.

La situation change avec le régime de Vichy. Mais la question, très sensible, du rapport au sionisme politique ne se pose vraiment qu'après la Seconde Guerre mondiale et la découverte de l'extermination des juifs d'Europe. À Constantine,

---

[1]. William Oualid, article sur Sylvain Lévy (1865-1935), in *Bulletin de la Fédération des Sociétés juives d'Algérie*, n° 18, décembre 1935.

raconte ainsi le Dr Seban, il y avait «Victor, un voyou, qui prenait les journaux, allait les vendre et obligeait les gens à les acheter. C'est comme ça que les gens ont appris que des millions de juifs étaient morts dans les chambres à gaz[1]». Le sionisme, qui prône la restauration d'une vie juive sous la forme d'un État indépendant[2], connaît alors ses premiers adeptes. Le courant vient de Tunisie par *La Voix juive* de Félix Allouche, et certains diffusent *La Paix retrouvée*, le journal du Keren Kayemet Leisraël. Cependant, le rapport à Israël demeure essentiellement religieux pour la grande majorité de la population. Comme en témoigne encore le Dr Seban : «On ne peut pas dire qu'il y ait eu du sionisme en Algérie, le sionisme systématique, politique. Il y avait en fait du mysticisme à l'égard d'Eretz Israël.» Le grand rabbin Chouchana explique bien, lui aussi, ce rapport religieux entre la communauté juive et Israël : «Le judaïsme algérien n'a pas connu Théodore Herzl, Max Landau ou Jabotinsky. Il ne les a connus que de nom. Mais il vivait autour de la synagogue et lorsque l'on parlait de la Terre sainte, c'était Eretz Israël. Si chaque ville se targuait d'être la "petite Jérusalem", ce n'était pas tant pour affirmer qu'on était de Tlemcen ou de Constantine, mais uniquement pour marquer son attachement à Eretz Israël[3].»

---

1. Intervention du Dr Seban, Colloque sur le judaïsme algérien, *op. cit.*, p. 61.

2. Le mot Sion a été utilisé pour la première fois par Nathan Birnbaum (1864-1937) en 1890 dans son journal, et il fut adopté par le premier Congrès du mouvement sioniste en 1897. Sur ce point, Jean-Christophe Attias et Esther Benbassa, *Dictionnaire de la civilisation juive*, Paris, Larousse, 1997.

3. Intervention du grand rabbin Emmanuel Chouchana, membre du Tribunal rabbinique et directeur du Séminaire rabbinique, Colloque sur le judaïsme algérien, *op. cit.*, p. 9.

Après 1945, émergeant dans un monde en voie de sécularisation, le sionisme politique s'attache au monde profane en revendiquant un État et non un au-delà religieux. Cette théorie qui deviendra progressivement une sorte de religion séculière (l'attachement à l'État d'Israël relevant alors du sacré) ne touche donc pas massivement les vieilles communautés religieuses d'Algérie. Si l'on examine les statistiques de 1946 sur l'activité de la « Fédération sioniste algérienne » au moment de l'élection de trois délégués au Congrès sioniste mondial d'octobre 1946, on est surpris de constater qu'il n'y a que 5 % de la population juive de Constantine ou 6 % de celle de Tlemcen qui comptent des adhérents dans les cercles du sionisme politique (contre 70 % à Aflou, ou 40 % à Mostaganem). Ce qui fera dire au rabbin Chouchana : « Lorsque les juifs d'Algérie sont venus en Israël, ils ne sont pas venus parce qu'ils ont été chassés d'un coup de pied, ils sont venus par idéal[1]. » Il faudra beaucoup de temps pour que la nécessité de la construction de l'État d'Israël s'ancre dans les esprits de la communauté d'Algérie et que leur avenir s'inscrive sous la forme d'un État juif à défendre à tout prix. À la fin des années 1940 et à la veille de la guerre d'Algérie, l'enthousiasme que suscite généralement la création d'une forme de collectivisme dans les kibboutzim ne trouve pas un large écho en Algérie. Et même ensuite, au moment de la tourmente algérienne, comme le constate un autre grand rabbin, ses coreligionnaires ne se sont pas dirigés instinctivement vers Israël car leur pôle de référence est

---

1. *Ibid.*

ailleurs : « Natif de Constantine, écrit-il, j'ai toujours entendu dire et proclamer que l'Algérie était le prolongement de la France. Je ne l'ai jamais contesté. J'ai consacré les meilleures années de ma jeunesse à servir la France[1]. »

Cet attachement à la France n'entraîne pas pour autant une absence d'aide concrète au nouvel État juif. Yossele Bar-Tsion, maître de conférences à l'institut Ben-Gourion du Neguev, raconte ainsi comment, avec son ami Éphraïm Friedman, ils se sont occupés d'envoyer le premier bateau clandestin vers Israël. « C'était en 1947, le 10 mai 1947. Il fallait donner un nom à ce bateau et le mouvement l'a appelé *Yéouda Halévy*. Le second bateau, c'était *Cha'ari Tsion*. » Ces deux navires ont été arraisonnés par les Anglais à leur arrivée en Palestine et, en dépit du fait que les préparatifs se faisaient dans le plus grand secret, « au troisième bateau, il y a eu une dénonciation, et la police française l'a empêché de partir[2] ».

L'émergence du sionisme politique en Algérie correspond certes à un début de mise à distance de la métropole, mais le mouvement reste embryonnaire, il ne concerne que les 8 300 adhérents à la Fédération sioniste algérienne et quelques dizaines d'activistes à Alger et Oran. La déception suscitée par la mère patrie pousse par ailleurs d'autres jeunes juifs à sortir de leur monde traditionnel avec la volonté nouvelle de se démarquer d'une certaine

---

1. Intervention de Benjamin Assouline, rabbin de Jérusalem, ancien grand rabbin de Lyon, Colloque sur le judaïsme algérien, *op. cit.*, p. 26.
2. Exposé de Yossele Bar-Tsion, maître de conférences à l'institut Ben-Gourion du Neguev, Colloque sur le judaïsme algérien, *op. cit.*, p. 45.

France coloniale. Ils seront ainsi bien plus nombreux qu'avant 1939 à s'engager dans les rangs du Parti communiste algérien.

Dans son autobiographie, André Akoun raconte les discussions incessantes de l'après-guerre avec ses amis juifs d'Oran, leurs dialogues sans fin sur la religion, le sionisme et la revendication d'un État juif. « Juif, c'est une religion. – Non, juif, c'est un peuple, et Jérusalem est sa ville. C'est écrit dans les prières où il est dit : le lendemain à Jérusalem. – Moi, je suis français. » Et André Akoun d'expliquer son choix politique : « Ce qui motivait l'engagement communiste, en tout cas chez les musulmans et les juifs, c'était un idéal de société laïque, gouvernée par la raison et l'égalité citoyenne, la réalisation du principe de citoyenneté augmentée du souci de la justice sociale. Bref, les communistes étaient, au plus profond de leur foi, des démocrates imbibés de la philosophie des Lumières du XVIIIe siècle[1]. » Mais il n'y a pas, à cette époque, chez ces jeunes de gauche, d'antisionisme politique dénonçant l'expropriation des Palestiniens de leurs terres.

Le traumatisme du second exil

Les juifs d'Algérie avaient fini par accepter leurs nouvelles conditions de vie, par donner sens à la rupture du décret Crémieux de 1870, et même par l'investir d'une valeur positive. Leur premier exil était à la fois subi et assumé, il s'inscrivait dans l'expérience vécue de la même génération. Ils étaient, se voulaient, à la fois profondément français et juifs

---

1. André Akoun, *Né à Oran, autobiographie à la troisième personne*, Paris, Bouchène, 2004, p. 55 et 65.

et ne considéraient pas que la citoyenneté française était contradictoire avec une pratique religieuse. Les exemples qui soulignent cette dualité abondent. Ainsi, le dimanche 29 mars 1936, une manifestation organisée par l'association Le Souvenir français se tenait à la synagogue de la place du Grand-Rabbin-Bloch à Alger « en mémoire des soldats français de confession israélite tombés glorieusement pour la France ». À cette occasion, le grand rabbin de la ville, M. Eisenbeth, prononçait un discours marquant bien ce double attachement. « La France en guerre a toujours personnifié la lutte "pour la liberté contre l'esclavage, pour la joie contre la tristesse, pour l'allégresse contre le deuil, pour la clarté du jour contre les ténèbres de la nuit, pour la délivrance contre la servitude" pour nous servir des belles expressions de notre rituel de la Pâque. La France victorieuse, c'est la liberté du corps et de l'esprit assurée à tous ses enfants, partant à tous les Membres de l'Humanité[1]. » Puis il ajoutait, dans une envolée lyrique, cette ode à la République française : « Son activité répond si bien à nos idées religieuses qui conçoivent, à côté d'une immortalité céleste, une immortalité terrestre. »

Avec les mesures brutales de Vichy, à l'exil progressivement assumé après le décret Crémieux a succédé un deuxième exil, subi celui-là. L'expulsion hors de la citoyenneté française d'octobre 1940 à octobre 1943 a imposé aux juifs d'Algérie une nouvelle succession de ruptures politiques, temporelles et identitaires qui ont marqué de façon irrémédiable toutes les biographies individuelles.

---

1. « Le Souvenir français honore les soldats de confession israélite morts pour la France », discours du grand rabbin d'Alger, *Bulletin de la Fédération des Sociétés juives d'Algérie*, n° 22, avril 1936.

Les témoignages sont nombreux qui disent le traumatisme de Vichy, en particulier le « départ » des écoles françaises. Racontant la vie du chanteur Enrico Macias, Gérard Calmettes écrit : « Il a cinq ans. Suzanne, comme toute les mamans, le tient par la main, le conduit au lycée d'Aumale de Constantine pour la rentrée scolaire. La porte se ferme devant eux, car les lois de Vichy encore en vigueur presque un an après le débarquement américain en Algérie, interdisent la scolarisation des enfants juifs. [...] Leur crime est leur nom, leur culture, leur religion[1]. »

Ceux qui n'étaient plus, alors, des citoyens français devaient, de nouveau, trouver un sens à leur condition : étaient-ils redevenus des indigènes algériens, des étrangers dans l'Algérie française ? Cette situation et la tension qui l'accompagnait suscitèrent des replis individuels ou familiaux sur les solidarités communautaires. Des pratiques inhabituelles, diverses et précaires, soumises aux conjonctures du moment, apparurent, telle l'organisation de l'enseignement ou des soins au sein de la communauté. L'universalisme assimilatoire présent au cœur du projet républicain volait ainsi en éclats. Encore une fois, victimes d'une situation qu'ils n'avaient pas choisie, les juifs vivaient avec le sentiment d'être les objets de l'Histoire comme de leur propre histoire.

Ils avaient pourtant voulu s'identifier très étroitement avec la « nation » au sein de laquelle ils vivaient. Mais de quelle nation pouvait-il s'agir ? De la France de métropole, que l'immense majorité

---
1. Gérard Calmettes, *Enrico Macias, rien que du bleu*, Paris, Christian Pirot, 2005, p. 24.

n'avait jamais vue? De l'Algérie française, où régnait en force l'antisémitisme? De l'Algérie nouvelle, que bien peu alors voyaient se dessiner? En fait, la symbiose franco-juive était loin d'être parfaite. Les ardeurs de l'adhésion à la France apparaissent aujourd'hui motivées par une insuffisante parenté et par le désir de faire oublier le fossé antérieur, celui de l'appartenance à la société indigène. Et plus ce fossé semblait difficile à franchir, plus s'exaspérait le désir de le combler ou de faire comme s'il n'existait pas.

D'où, sans doute, la « mauvaise surprise » d'octobre 1940.

TROISIÈME EXIL

La guerre et l'indépendance

Nous sommes à la fin du mois de juin 1962. Sur cette photo d'agence de presse, une foule s'apprête à embarquer sur le navire à quai dans le port d'Alger. Tous sont visiblement désemparés, préoccupés par leurs bagages. Anxieux aussi car la plupart n'ont jamais traversé la mer. Malgré la chaleur de juin, ils ont des pull-overs, des manteaux, des chapeaux, pour emporter le maximum, car chaque personne n'a droit qu'à deux valises.

Cette photo représente l'aboutissement concret de longs mois de discussions, de questionnements et de préparatifs inquiets. Mes parents ne parlaient pas devant nous, ils attendaient que nous soyons endormis. Ma sœur et moi les entendions chuchoter au milieu de la nuit à travers la cloison. Ils étaient extrêmement angoissés, ils se posaient des questions, mais ils savaient bien qu'ils finiraient par partir, qu'il n'y avait pas d'autre solution. Ce départ, impensable un ou deux ans auparavant, était devenu inévitable. Fin 1961, on savait que la France allait signer les accords d'Évian, il était clair que c'était la fin. Chacun se demandait avec angoisse s'il serait possible de reconstruire une vie dans la dispersion inévitable de l'exode. On se préparait au départ sans pour autant s'y résoudre. On se demandait quel sort les Algériens musulmans réserveraient à ceux qui feraient le choix de rester. Rêve d'éternité. Il y avait une impossibilité véritable à penser la fin de l'Algérie française. Les juifs étaient tellement pétris de «francité» qu'ils ne s'imaginaient pas dans une Algérie musulmane, où ils craignaient d'être soumis à leur ancien statut de *dhimmis*. Jusqu'à la dernière minute, ils ont espéré que la France se maintiendrait, que la paix serait signée, qu'il se produirait un miracle, qu'une nouvelle Algérie, plus égalitaire, verrait le jour. Tout en sachant que le miracle n'aurait jamais lieu et que l'armée française quitterait le pays.

Finalement, un jour, mon père a dit : «Il faut qu'on aille chercher les billets d'avion.» La décision était prise. Il a fait la queue toute la nuit avec ma sœur et ma mère devant la mairie où attendait une foule considérable. Constantine étant une ville de l'intérieur, le départ s'opérait par avion et non par bateau comme à Alger ou Oran. La date fatidique a été fixée au 12 juin.

À partir du moment où la décision est devenue irréversible, la préparation a réellement commencé. On faisait les bagages, on discutait de savoir ce qu'on emporterait, ce qu'on laisserait. Ma mère a nettoyé l'appartement jusqu'à la dernière minute. Le 12 juin, elle a vérifié que tout était bien propre avant de sortir. Mon père a fermé la porte à clef, il a glissé la clef dans sa poche, nous avons chacun empoigné nos deux valises et nous sommes partis. Comme si nous allions en vacances. Mais nous savions bien que c'était fini, que nous ne reviendrions pas. Ce moment a été le plus important de notre vie, un saut dans l'inconnu. Pour nous rassurer, sans doute aussi pour se rassurer lui-même, mon père répétait : « Ne vous en faites pas les enfants, j'ai un plan. »

Il avait à l'époque cinquante-trois ans, un âge difficile pour recommencer une vie. Je me souviens qu'il avait eu du mal à hisser les valises avant de grimper sur la plateforme du camion militaire qui nous attendait au bas de la côte pour nous conduire à l'aéroport militaire de Telerma. Là, nous avons attendu pendant cinq ou six heures, assis sur le tarmac au milieu des bagages, avec nos pull-overs et nos manteaux dans la chaleur suffocante. Nous n'avons embarqué qu'à la nuit. Je me souviens des hôtesses d'Air France en tenue bleue qui s'affairaient au milieu des passagers. Le voyage s'est déroulé dans un silence de mort. Personne ne parlait. Deux heures plus tard, à notre descente d'avion, nous avons été accueillis par le personnel de la Croix-Rouge qui a distribué à chacun un bonbon.

L'Algérie était derrière nous.

Partir : inimaginable !

Dans la séquence cruciale et brûlante de la guerre d'Algérie, la communauté juive se tient dans une prudente expectative. Redevenus français après le rétablissement du décret Crémieux, les juifs d'Algérie, dans leur grande majorité, savent qu'ils ne veulent pas retourner à la condition de l'indigénat, les quelques années passées sous Vichy les ayant paradoxalement renforcés dans leur attachement à la nationalité française. Cet impact de l'histoire récente (dix années à peine séparent la période de Vichy du début de la guerre d'indépendance) échappe aux dirigeants « ultras » européens et aux responsables du nationalisme politique algérien. Dans l'engrenage d'une guerre implacable où s'affirmeront progressivement des dynamiques nationalistes sur les bases d'un communautarisme religieux (les moudjahidine du FLN d'un côté et certains membres de l'OAS pénétrés d'un intégrisme catholique de l'autre), les juifs choisiront le silence.

En novembre 1954, à la veille de la guerre, partageant le sentiment de l'immense majorité des Français de métropole et des départements d'Algérie, ils pensaient que rien ne changerait pour eux dans l'avenir, comme l'explique le rabbin Hazan : « Avant, en Algérie, nous avons vécu une vie assez tranquille, dans notre petite communauté. Je pense que nous vivions sans nous rendre compte de ce qui se développait autour de nous, de ce qui nous attendait, sans nous rendre compte que, couverts par l'amour infini que nous avions pour la France, pour la liberté, l'égalité, la fraternité, nous avons fait ce rêve. Nous y avons cru, bien que les événements que nous connaissions de façon directe par le journal indiquaient et étaient annexés à des intentions tout à fait contraires[1]. »

Dans son autobiographie, Daniel Timsit écrit de même : « Les gens de là-bas se vivaient et se pensaient destinés à vivre sur place pour l'éternité. Ils n'imaginaient pas qu'il leur faudrait partir, ils n'imaginaient pas un contexte différent. Ils vivaient une espèce de quotidien d'éternité sur place. Ils ne se considéraient pas comme une communauté particulièrement menacée[2]. » Vivre là à jamais était pour eux d'autant plus évident qu'étant assimilés à la nation française, ils ne concevaient pas l'émergence possible d'une nation algérienne séparée de la France. Jean Daniel, qui s'engagera pendant la guerre d'Algérie pour la reconnaissance du fait national algérien, s'en souvient : « L'idée que l'Algérie pût un jour constituer un État souverain était dans mon enfance, et dans mon milieu, inconcevable. Le cadre était berbère et judéo-chrétien. Le passé était bâtard, fruit d'invasions multiples. Le folklore était méditerranéen. La patrie, la langue officielle, l'avenir étaient français. La première fois que j'ai entendu le mot "indépendance", ce fut lorsque les Européens d'Alger menacèrent de faire sécession. [...] Et comme j'étais moi-même un

---

1. Intervention du grand rabbin Avraham Hazan, Colloque sur le judaïsme algérien, *op.cit.*, p. 30.
2. Daniel Timsit, né le 16 décembre 1928 à Alger, était le fils d'un petit commerçant en tissus et sa mère était la fille du grand rabbin de Constantine. Étudiant en médecine, il avait rejoint le FLN en 1956. Il a raconté son expérience dans son autobiographie, *Algérie, récit anachronique*, Paris, Bouchène, 1999. Il est décédé le 2 août 2002.

produit de cette assimilation au nom de laquelle on devait plus tard perpétrer tant de crimes ; comme, enfin, l'arabisme décèle davantage une nostalgie qu'un projet, j'ai eu longtemps le sentiment que le nationalisme était, en Algérie, *contingent*, qu'il aurait pu ne pas être. Je ne lui voyais pas de nécessité historique[1]. »

Au cours des « événements », cette assurance indéfectible de la présence de la France en Algérie amena les juifs à se réfugier dans le silence et l'attente de jours meilleurs devant les attentats dont ils étaient victimes. Sollicités des deux côtés, d'abord par le FLN puis par l'OAS, mal guéris des avanies de Pétain qui avait abrogé le décret Crémieux, anxieux de ne pas se dissocier de la France, ils ont vécu le conflit dans le trouble, parfois même dans la mauvaise conscience. Leur engagement dans un camp ou dans l'autre a été *individuel* alors que l'ensemble de la communauté s'est abstenue de prendre position en prônant l'« égalité des droits pour tous », en condamnant les « actes criminels d'où qu'ils viennent » ou en souhaitant le « rétablissement de la paix sur notre territoire, dans les esprits et dans les cœurs », ce qui, dans le déchaînement de la guerre, pouvait sembler un vœu pieux. En fait, les juifs d'Algérie étaient bien impliqués dans ce drame tout en étant de moins en moins les acteurs de la partie compliquée qui se jouait. Les différents textes publiés pendant le conflit font état des doutes, hésitations, impasses et contraintes qui les assaillaient. Cette période de la guerre allait pourtant montrer à quel point l'attachement à la

---

1. Jean Daniel, *Le temps qui reste*, extrait dans *Le Nouvel Observateur*, 30 avril 1973.

France émancipatrice pouvait tourner à la mise en retrait de son propre environnement et de ses origines historiques; mais aussi comment, le processus d'assimilation à la culture française ayant fait son œuvre depuis des décennies, le basculement irréversible vers l'Algérie française conduisait à la séparation d'avec les Algériens musulmans[1].

L'heure terrible du choix arriva dans l'année 1961. Le 22 juin 1961, le chanteur et musicien Raymond Leiris, dit « Cheikh Raymond[2] », l'un des plus grands maîtres de la musique arabo-andalouse dans la tradition du malouf, beau-père d'Enrico Macias, fut abattu d'une balle de 9 millimètres dans la nuque par un Algérien musulman, place Négrier, au cœur du quartier juif de Constantine. L'assassinat fut ressenti très douloureusement par toute la communauté juive d'Algérie. Fin 1961, les violentes manifestations du FLN dans les villes à forte majorité juive soulevèrent un vent de panique. En quelques semaines, les communautés juives et chrétiennes se vidèrent comme par enchantement. De janvier à juin 1962, la politique de la « terre brûlée » menée par l'OAS accentua davantage encore le désarroi et la fuite. Ainsi prenait fin la présence séculaire des juifs en Afrique du Nord[3].

---

[1]. Pour une approche générale de cette période, voir *Archives juives, revue d'histoire des juifs de France*, n° 29, 1er semestre 1996, avec les articles d'Yves-Claude Aouate, « Notes et observations sur une histoire en construction », de Richard Ayoun, « Les juifs d'Algérie pendant la guerre d'indépendance », de Charles-Robert Ageron, « Une guerre religieuse ? »

[2]. Né en 1912, le juif séfarade « Raymond » reste un très grand nom de la musique arabo-andalouse au Maghreb. Élève de deux musulmans, Abdelkrim Bestandji et Omar Chakleb, Raymond ne se mêlait pas de politique et ne comptait que des amis dans toutes les confessions.

[3]. Pour une histoire générale, voir Richard Ayoun et Bernard Cohen, *Les Juifs d'Algérie, 2 000 ans d'histoire*, op. cit.

À LA VEILLE DE LA GUERRE, SITUATIONS SOCIALES ET SPATIALES

En 1954, la population juive d'Algérie ne dépasse pas le cap des 130 000 âmes. De 1955 à 1960, la guerre pousse vers la France un nombre croissant de juifs, tandis que les départs vers Israël (rares de 1952 à 1954) connaissent une légère recrudescence, plus de 3 000 émigrants de 1955 à 1960[1]. Ce double mouvement d'émigration explique que cette population n'ait que très peu augmenté de 1940 à 1960.

À une grande majorité, les juifs d'Algérie sont des citadins dans les années 1950. Les premiers recensements du milieu du XIXe siècle où figurent les « israélites » laissaient déjà apparaître une forte concentration dans les grandes villes, probablement pour des motifs économiques, de sécurité ou simplement religieux (abondance des lieux de culte, de boucheries rituelles). Alger, en 1838, comptait 6 065 juifs, Constantine 3 105, Oran 5 637, tandis que des communautés parfois minuscules (moins de dix personnes) se dispersaient sur tout le territoire algérien. Près d'un siècle plus tard, les communautés des trois grandes villes ont plus que quadruplé grâce, en partie, à un afflux de populations juives rurales ou venues de centres moins importants. En 1941, Alger abrite 25 474 juifs, Constantine 12 961, Oran 25 753. Orléansville, Bougie, Bône, Mascara, Sétif ont vu croître de la même façon leur population juive

---

1. La création de l'État d'Israël en 1948 entraîne vers la « Terre sainte » plus de 4 000 émigrants de 1948 à 1954, dont les neuf dixièmes de 1948 à 1951.

dans des proportions parfois supérieures à celles des trois grandes villes [1].

Cet afflux vers les centres urbains et les ports est, à n'en pas douter, la marque d'un désir d'occidentalisation, d'une aspiration à une promotion sociale et d'une insertion plus grande dans le secteur économique moderne, tendances corroborées par la situation socioprofessionnelle des juifs d'Algérie entre 1931 et 1941. À l'aube de la colonisation, on l'a vu, la très grande majorité de la communauté, à l'exception d'une élite de gros commerçants souvent d'origine livournaise, vivait dans le besoin, voire l'extrême pauvreté. Les métiers exercés par les hommes (les femmes restant au foyer) se cantonnaient essentiellement à l'artisanat (cordonnerie, ferblanterie, taille des étoffes et surtout bijouterie) ou au petit commerce (colportage, boucherie, vente des étoffes). Un siècle plus tard, l'évolution est notable. On continue certes la bijouterie, le travail du cuir, le colportage et le petit commerce, mais on voit apparaître des juifs dans les professions libérales, l'administration, l'enseignement, la banque, les transports, effets tangibles d'une scolarisation plus poussée et d'une élévation du niveau culturel général. Cette promotion sociale n'affecte cependant qu'une fraction de la population, et l'effort de scolarisation des enfants, qui dès

---

1. Pour les chiffres de la démographie, je me suis appuyé sur le travail imposant de Maurice Eisenbeth, grand rabbin d'Alger, en particulier son long article « Les juifs, esquisse historique depuis les origines jusqu'à nos jours » publié dans *L'Encyclopédie coloniale et maritime*, sous la direction d'Eugène Guernier, *op. cit.*, p. 143-158 ; sur les données sociales, l'article de Jacques Tayeb et Claude Tapia, « Portrait d'une communauté », in *Les Nouveaux Cahiers*, 1972, p. 49-61 ; et sur les indications statistiques et leur analyse, l'article de Doris Bensimon, « Mutations sociodémographiques aux XIXe et XXe siècles » dans le numéro consacré aux juifs en France, in *Histoire*, n° 3, Paris, Hachette, novembre 1979, p. 200-210.

lors ne constituent plus une force de travail familial, entraîne de lourdes charges pour des pères de famille aux revenus médiocres. Toutefois, la progression en valeur absolue et en pourcentage des professions libérales et, dans une mesure moindre, des fonctionnaires et agriculteurs, prouve une meilleure insertion dans l'économie algérienne, alors que le maintien d'une forte proportion de domestiques, d'artisans, d'ouvriers, indique que la crise économique des années 1930 a freiné l'ascension sociale d'une partie assez importante de la population juive.

À la veille de la guerre d'indépendance algérienne, la communauté juive ne forme pas non plus une communauté monolithique au plan politique, les réactions varient en fonction des catégories sociales, des générations et des situations géographiques. Ce dernier élément n'étant pas le moindre, car quoi de commun en effet entre les juifs «évolués» et libres-penseurs d'Alger ou d'Oran et ceux des petites villes de l'intérieur, sans parler du Mzab ou de Constantine, si farouchement attachés à leurs particularismes, leurs traditions, leurs langues et leurs musiques judéo-arabes? Après les «événements» de Sétif et de Guelma de mai-juin 1945, la pression du nationalisme indépendantiste algérien a commencé à se faire sentir dans l'Est algérien avant de gagner les départements d'Alger et d'Oran où la densité de la population européenne est beaucoup plus forte[1]. Toutes les «succursales» des partis métropolitains sont représentées en Algérie. Ainsi dans l'Oranie cohabitent

---

1. Sur cet aspect, Benjamin Stora, *Les Sources du nationalisme algérien*, Paris, L'Harmattan, 1988, chapitre «Région, nation, nationalisme», p. 55-85.

des maires communistes à Relizane ou Sidi Bel-Abbès avec des militants engagés à l'extrême droite, ou à l'extrême gauche (avec la présence d'une forte colonie espagnole hostile au franquisme). Dans l'engrenage de la guerre, les options idéologiques différentes ne pourront cependant pas empêcher la communauté européenne, toutes tendances politiques confondues, de basculer dans son ensemble en faisant bloc pour la défense de l'Algérie française. Très présents à gauche, en particulier dans le Parti radical-socialiste et la SFIO, les juifs d'Algérie forment eux aussi une population hétérogène sur le plan social et idéologique. Mais dans la guerre d'indépendance livrée par les Algériens, ils opteront progressivement pour le maintien de l'Algérie française.

Attentisme, attentats et appels du FLN

Les « événements » de novembre 1954, l'insurrection décidée par des groupes armés se réclamant du FLN, passent pratiquement inaperçus aux yeux de la masse des Européens comme à ceux des juifs d'Algérie. Le véritable traumatisme survient au moment du soulèvement paysan du 20 août 1955 quand, parmi les victimes, figure une famille juive du Constantinois connue dans tout le département. Le souvenir vivace d'août 1934 se réveille brusquement, certains juifs de Constantine parlent de s'armer. Dans les premiers mois de l'année 1956, les agressions se multiplient, le samedi de préférence : contre le rabbin de Batna, en mai 1956; contre les cafés juifs de Constantine, en juin 1956 ; contre la synagogue d'Orléansville qui est incendiée. En novembre de la même année, une bombe placée dans la maison d'Isaac Aziza, rabbin de Nedromah, le tue, ainsi que plusieurs membres de sa famille. Prise entre deux feux, la communauté juive est désorientée, comme le note Albert Camus dès octobre 1955 dans un article fameux de *L'Express* : « Les gouvernements successifs de la métropole, appuyés sur la confortable indifférence de la presse et de l'opinion publique, secondés par la complaisance des législateurs, sont les premiers et les vrais responsables du désastre actuel. Ils sont plus coupables en tout cas que ces centaines de milliers de travailleurs français qui survivent en Algérie avec des salaires de misère, qui, trois fois en trente ans, ont pris les armes pour venir au secours de la métropole et qui se voient récompensés aujourd'hui par le mépris des secourus. Ils sont plus coupables que ces populations juives, coincées depuis des années entre l'antisémitisme français et la méfiance arabe, et réduites aujourd'hui, par l'indifférence de notre opinion, à demander refuge à un autre État que le français. Reconnaissons donc une bonne fois que la faute est ici collective. [...] Une grande, une éclatante réparation doit être faite, selon moi, au peuple arabe. Mais par la France tout entière et non avec le sang des Français d'Algérie. Qu'on le dise hautement, et ceux-ci, je le sais, ne refuseront pas de collaborer, par-dessus leurs préjugés, à la construction d'une Algérie nouvelle[1]. »

---

1. Albert Camus, « La bonne conscience », *L'Express*, 21 octobre 1955.

Un texte des Assises du judaïsme algérien décrit bien ce trouble : «Que pouvons-nous faire? Être vigilants, ne jamais provoquer, mais tout tenter pour éviter de subir.» Ces lignes de 1956 sont de Jacques Lazarus. Ancien résistant né en Alsace, il est à Alger directeur d'*Information juive*, qui répercutera les prises de position du Comité juif algérien d'études sociales dont il est le principal animateur et qui s'efforce de proposer une ligne de conduite pour la communauté juive. À ces mêmes assises, Jacques Lazarus souligne cependant les limites d'un tel projet. Selon lui, ici comme ailleurs, il n'y a pas à mener de politique juive, car il n'y en a pas, même si être juif est un phénomène politique autant que religieux ou social. Ce point de vue restera finalement celui du Comité d'études sociales, sorte de CRIF de l'époque en Algérie[1]. Plus tard, en 1979, Jacques Lazarus résumera ainsi sa position à cette période-là au journaliste Jean-Luc Allouche : «Pendant la guerre d'Algérie, nous sommes français et nous voulons rester français.» Ce qui ne l'empêcha pas de demander l'instauration des droits pour les musulmans. «La communauté était réellement libérale (au sens où on l'entendait alors), à égale distance des deux extrémismes, dira-t-il encore. Nous ne voulions pas redevenir des citoyens de seconde zone[2].»

Dans cette conjoncture, estimant que le moment est venu pour «chaque Algérien d'origine israélite»

---

1. Deux autres textes essentiels de Jacques Lazarus, «Réalités algériennes», paru dans *Information juive* de février 1960 et surtout «Tels que nous sommes», paru dans *Information juive* de février 1961, définiront davantage encore, mais sur la même orientation, la base morale sur laquelle s'appuyaient les responsables juifs.
2. Jean-Luc Allouche, «Algérie, le vent de l'histoire», *L'Arche*, n° 273, décembre 1979, p. 34.

de prendre parti dans la bataille, le FLN (Front de libération nationale) s'adresse publiquement en octobre 1956 à la communauté juive dans une lettre au grand rabbin d'Alger élaborée lors du congrès de la Soummam d'août de la même année. Il lui demande, de façon solennelle, de manifester son « appartenance à la nation algérienne ». Ce choix, clairement affirmé, explique-t-il, « extirpera les germes de la haine entretenus par le colonialisme français ».

Et le FLN de poursuivre : « Depuis la Révolution du 1er novembre 1954, sujette à des fluctuations politiques diverses, la communauté israélite d'Algérie s'inquiète de son sort et de son avenir. Au dernier congrès mondial juif de Londres, les délégués algériens, contrairement à leurs coreligionnaires de Tunisie et du Maroc, se sont prononcés, à notre grand regret, pour la citoyenneté française[1]. Ce n'est qu'après les troubles colonialo-fascistes du 6 février au cours desquels sont réapparus les slogans antijuifs que la communauté israélite s'est orientée vers une attitude neutraliste[2]. Par la suite, à Alger notamment, un groupe d'Israélites de toutes conditions a eu le courage d'entreprendre une action nettement anticolonialiste en affirmant son choix raisonné et définitif pour la nationalité algérienne. Ceux-là n'ont pas oublié les troubles antijuifs colonialo-fascistes qui, sporadiquement, se

---

[1]. Le fait est exact, mais les juifs d'Algérie, dans leur immense majorité, avaient peu de chose à voir avec le Congrès juif mondial, d'obédience américaine, mal au courant des problèmes nord-africains. Il n'en demeure pas moins que, contre les positions américaines hostiles à la présence française en Algérie, Jacques Lazarus, représentant du judaïsme algérien, affirma que les juifs d'Algérie étaient français.

[2]. Il est vrai que le sort réservé à Alger à Guy Mollet le 6 février 1956 inquiéta la communauté juive pour qui la France, la démocratie, le socialisme étaient bafoués en leurs représentants les plus importants.

sont poursuivis en pogroms sanglants jusqu'au régime infâme de Vichy. »

Les responsables du FLN invoquent ensuite l'histoire ancienne, celle de l'Europe au Moyen Âge et de l'Empire ottoman, pour attirer la communauté juive dans le camp de l'indépendantisme algérien : « Sans vouloir remonter très loin dans l'histoire, il nous semble malgré tout utile de rappeler l'époque où les juifs, moins considérés que les animaux, n'avaient même pas le droit d'enterrer leurs morts, ces derniers étant enfouis clandestinement la nuit, n'importe où, en raison de l'interdiction absolue pour les juifs de posséder le moindre cimetière. Exactement à la même époque, l'Algérie était le refuge et la terre de liberté pour tous les Israélites qui fuyaient les persécutions inhumaines de l'Inquisition. Exactement à la même époque, la communauté israélite avait la fierté d'offrir à sa patrie algérienne, non seulement des poètes, mais aussi des consuls et des ministres. »

L'appel se termine par une plaidoirie en faveur d'une nouvelle citoyenneté algérienne : « C'est parce que le FLN considère les Israélites algériens comme les fils de notre patrie qu'il espère que les dirigeants de la communauté juive auront la sagesse de contribuer à l'édification d'une Algérie libre et véritablement fraternelle. Le FLN est convaincu que les responsables comprendront qu'il est de leur devoir et de l'intérêt bien compris de toute la communauté israélite de ne plus demeurer "au-dessus de la mêlée", de condamner sans rémission le régime colonial français agonisant, et de proclamer leur option pour la nationalité algérienne. »

Comment répondre à cet appel ? Dans son livre, *Les Juifs d'Algérie, une diaspora méconnue*, Henri

Chemouilli pose, lui aussi, la question : « Indigènes, allions-nous rejoindre la grande tribu des Berbères ? Français, allions-nous trahir la France ? » C'est là un problème moral que chacun résout comme il peut avec ses croyances et sa conscience. « Mais, ajoute-t-il, plus que jamais en des moments pareils, la conscience n'est qu'un reflet, bonne proie pour la guerre psychologique [1]. »

On s'est souvent demandé si, pendant la guerre d'Algérie, à l'intérieur de la communauté européenne (plus exactement non musulmane), les juifs avaient eu une réaction spécifique, quelque peu différente, fût-ce à une nuance près. Le débat sur la spécificité d'une réaction juive face à la guerre reste ouvert, mais la spécificité de leur situation, sur le plan psychologique, elle, est indéniable.

Par ailleurs, qui, à l'époque, est le mieux qualifié pour répondre à cet appel du FLN ? Le grand rabbin, les rabbins de chacune des villes, ou les consistoires, instances laïques ? Au cours des années 1940, 1950, 1960, le judaïsme algérien est en grande partie « assimilé », déplore le grand rabbin Sirat : « Combien d'écoles juives à plein temps ? Combien de parents refusaient d'inscrire leurs enfants à l'école pendant le shabbat ? Il y avait effectivement le respect des fêtes. Les juifs qui étaient assimilés respectaient les fêtes. [...] On voulait monter dans l'échelle sociale et malheureusement cela s'est fait au détriment des vraies valeurs du judaïsme [2]. » Les

---

[1]. Henri Chemouilli, *Les Juifs d'Algérie, une diaspora méconnue*, Paris, à compte d'auteur, 1976.
[2]. Exposé de René Sirat, grand rabbin de France, Colloque sur le judaïsme algérien, *op. cit.*, p. 50-51.

représentants des intérêts spirituels et religieux du judaïsme n'ont pas le pouvoir de décider de la conduite de leurs coreligionnaires. La «francisation» du judaïsme algérien a accompli son œuvre et les autorités religieuses laissent chacun libre de sa pensée et de ses options, priant sans doute pour que nulle cassure irréparable, nulle catastrophe n'en résultât. Les responsables communautaires ne sont pas en mesure de dicter une conduite collective.

Il revient donc au Comité juif algérien d'études sociales (CJAES) [1] de répondre. Ce qu'il fait dans *Information juive* à la fin novembre de la même année 1956, par une déclaration sur la situation en Algérie, où il rappelle que la collectivité israélite d'Algérie comprend un certain nombre d'associations cultuelles, culturelles et sociales qui ne constituent en aucune façon une entité politique. Le rabbinat et les consistoires étant des institutions à caractère strictement confessionnel, «il serait erroné de croire qu'ils expriment l'opinion de la communauté israélite et qu'un organisme juif non confessionnel ou qu'une personnalité juive s'exprime au nom d'une collectivité qui compte un large éventail d'opinions». Les membres du comité poursuivent en déclarant que les israélites d'Algérie ont suffisamment de maturité politique et professent en ce domaine des opinions si divergentes les

---

1. Font partie du Comité juif algérien d'études sociales : Président d'honneur : le Pr Henri Aboulker ; Président : Me Ernest Dadon ; Secrétaire général : Jacques Lazarus ; Secrétaire : Mme Berda ; Trésorier : Georges Loufrani ; Membres : Mme Ghnassia, Mlle Arlette Cohen, MM. Marcel Attal, Pierre Attal, Aïzer Cherqui, Haïem Cherqui, Henri Chemouilli, Georges Emsalem, Jean Gozlan, Haïem Hayoun, William Levy, Robert Moaté, André Narboni, Saadia Oualid, Henri Serror, E. Yaffi, David Zaga, A. Zermati.

unes des autres qu'il est impossible de les soumettre à des mots d'ordre collectifs sur une matière qui relève de la conscience de chacun. Et de proclamer, « conformément aux grands principes du judaïsme, [leur] vœu ardent de voir la paix rétablie et les droits de l'homme respectés. La communauté juive d'Algérie a assez connu l'humiliation, la persécution et le racisme et demeure inébranlablement attachée à ces principes en ces heures dramatiques où le fossé s'est dangereusement élargi entre les différents éléments de la population. Réitérant [leur] attachement et [leur] reconnaissance à la France et à la terre d'Algérie qu'[ils] se sont toujours efforcés de faire prospérer, [ils se déclarent] également proches des communautés musulmane et chrétienne avec lesquelles [ils veulent] continuer à vivre en étroite amitié. » En ce qui concerne la communauté musulmane, et en dépit des victimes tombées au cours des derniers mois, ils entendent rendre hommage à la correction et à la cordialité qui ont habituellement marqué les relations judéo-musulmanes en Algérie, particulièrement à l'époque de Vichy. Espérant que les événements du Moyen-Orient n'altéreront en rien les sentiments qui existent entre juifs et musulmans algériens, ils tiennent à rappeler les interventions de 1944, réitérées en 1952, du Pr Raymond Bénichou en faveur de la communauté musulmane lorsqu'il disait : « Aussi haut que les dirigeants responsables des destinées de la France voudront élever les populations musulmanes, aussi grande sera la satisfaction des populations d'origine juive de notre pays. » Ils concluent en appelant de leurs vœux un règlement pacifique du conflit, et en souhaitant qu'une solution de justice assure la liberté et l'égalité entre tous les habitants de ce pays[1].

Se déclarant donc apolitique, le Comité juif algérien d'études sociales met en avant des positions strictement individuelles et appelle à un règlement pacifique du conflit entre la France et les Algériens. Mais derrière cet appel qui se veut «neutre», se perçoit nettement la recherche de l'égalité entre citoyens d'une même République... la République française[2]. Les juifs du Maroc et de Tunisie, n'ayant jamais été citoyens français, ne pouvaient qu'affirmer leur citoyenneté marocaine ou tunisienne lorsque les nationalistes leur lançaient un appel. Ce ne pouvait être le cas des juifs d'Algérie. Leurs «représentants» n'osent cependant formuler explicitement ce qu'en 1958 Me André Narboni condensera en une phrase lapidaire : «Vous nous demandez de trahir une patrie dont nous sommes citoyens, la France, pour une patrie qui n'existe pas encore. Nous entendons demeurer fidèles à la France, fidèles aux idéaux de la justice et de la démocratie.» La réponse est, en fait, une fin de non-recevoir, elle ne variera plus jusqu'à la fin du conflit. Pour les responsables juifs, par souci d'égalité républicaine, il n'était pas question de se commettre avec des gens considérés comme des «hors-la-loi». Ensuite, comme l'écrira plus tard *Information juive*, «les juifs ne pourraient admettre que qui que ce soit veuille, contre leurs sentiments les plus profonds, disposer d'eux». Cette attitude vaudra tout autant pour l'OAS.

---

1. Voir l'ensemble de la déclaration en annexe.
2. Sur cet aspect, voir l'article de David Cohen, «Le Comité algérien d'études sociales dans le débat idéologique pendant la guerre d'Algérie», *Archives juives*, 1er semestre 1996.

En 1957, 1958 et 1959, des échanges politiques entre des membres surtout algérois de la communauté juive et le FLN se poursuivent, sans aboutir. Attentats et agressions continuent. En janvier 1957, de nouveaux attentats contre les juifs de Nedromah font sept morts dont trois enfants ; en mars, le grand rabbin de Médéa est tué près de la synagogue ; en mai, en pleine « bataille d'Alger », un attentat au casino de la Corniche, lieu de rendez-vous de la jeunesse juive d'Alger, fait plusieurs dizaines de victimes ; en août, à Alger, un homme de soixante-cinq ans, David Chiche, est arrosé d'essence par un groupe de jeunes musulmans ; à Bône, des personnalités juives reçoivent des lettres de menaces. En mars 1958, une grenade offensive lancée dans la synagogue de Boghari fait un mort et onze blessés. L'attentat n'est pas revendiqué. Dans leur désir d'apaisement, les responsables de la communauté écrivent : « Il est, tout au moins pour le moment, difficile sinon impossible de situer le caractère de cet inqualifiable attentat ; d'autant plus que, sur le plan local, il ne paraît pas être le signe tangible d'un mauvais climat entre groupements ethniques ou confessionnels. » Après les « événements » de 1958 qui voient l'arrivée au pouvoir du général de Gaulle, les tensions semblent s'apaiser entre les deux communautés. Mais, en 1959, à la veille de Kippour, une grenade est lancée dans la synagogue de Bou-Saada, tuant la petite-fille du rabbin âgée de six ans et blessant plusieurs personnes. Après la « semaine des barricades » de janvier 1960, émerge un courant de partisans « ultras » bien décidés à garder l'Algérie dans le giron de la France. La communauté juive sent que la situation est en train de basculer. D'autant que le général de Gaulle a évoqué pour la première fois dans son discours du 16 septembre 1959 la possibilité d'un scrutin d'autodétermination pour décider de l'avenir de l'Algérie. Comme les autres Européens, les juifs d'Algérie savent que dans un scrutin «classique», égalitaire, la partie est perdue. La neutralité, même apparente, n'est plus de mise... En masse, ils optent ouvertement pour le maintien de l'Algérie française, au début de l'année 1960.

L'itinéraire de Jean Daniel montre pourtant qu'il existe des personnes toujours engagées dans la préservation d'un espace de dialogue. Portant plusieurs patries dans son cœur, celle de la terre algérienne de son enfance et celle de la raison initiée par les vertus républicaines françaises, son parcours témoigne des affres et de la complexité algériennes : lyrisme solaire et déchirements causés par les haines, tragédies toujours recommencées et quête d'une stabilité qui ne se trouve jamais, surtout pas pour cette communauté juive, coincée au milieu des camps adverses. Celui qui allait devenir l'un des journalistes français les plus connus, rédacteur en chef de *L'Express* de 1955 à 1963, directeur de la rédaction du *Nouvel Observateur* depuis 1965, puis directeur de cet hebdomadaire depuis 1978, est né le 21 juillet 1920 à Blida, à une époque d'apparente insouciance ensoleillée. Dans plusieurs de ses ouvrages, l'Algérie apparaît comme terre nourricière, terre de contacts entre plusieurs civilisations, religions, communautés, une terre à la fois riche et âpre[1]. De son vrai nom Jean Bensaïd, fils d'un

---

1. Jean Daniel publiera plusieurs ouvrages, où, chaque fois, l'Algérie tiendra une place décisive, celle de «l'enfance», de «la grande maison», de «la figure silencieuse du père». Dans *Le temps qui reste*, 1973 ; *Le Refuge et la Source*, 1977 ;

minotier, il fait ses études au « collège colonial » de Blida où sont passés bon nombre de futurs leaders du nationalisme algérien. Il appartient au groupe de jeunes gens qui ont facilité, le 8 novembre 1942, le débarquement anglo-américain à Alger. Engagé volontaire en Tripolitaine dans la division Leclerc, il suit des cours à la Sorbonne à la Libération, rédige les discours du premier magistrat de France et lance la revue *Caliban* (1947-1951) qui lui permet de rencontrer Albert Camus et de gagner son amitié. Il entre à *L'Express* le 1er novembre 1954, le jour même du début de l'insurrection algérienne. Jean Daniel abandonne alors la littérature pour le journalisme engagé. Ses articles dans *L'Express* sur la guerre d'Algérie et le colonialisme lui apportent la notoriété. Son premier reportage, qu'on jugerait anodin aujourd'hui, fit scandale en Algérie. D'autres confrères avaient pourtant été bien plus violents que lui, mais sans s'en douter, il avait écorché une sensibilité à vif en passant du constat du terrorisme à la description de la situation des Français qui en avaient été les victimes. « Au cours d'une randonnée de mille kilomètres, raconte-t-il, que j'avais faite en compagnie d'un écrivain océanographe qui devait faire partie plus tard de l'OAS, André Rosfelder, j'avais rencontré des fermiers français qui commençaient à stocker des armes. Ils ne comprenaient pas ce qui leur arrivait. Ils étaient pauvres, dépourvus de toute espèce de racisme à l'égard d'Arabes parmi lesquels ils vivaient seuls en pleine montagne. Ils n'avaient que le tort d'être les descendants de colonisateurs. Je l'ai dit. Mais je

---

De Gaulle et l'Algérie, 1986 ; *La Blessure. Le temps qui vient*, 1992 ; *Cet étranger qui me ressemble*, 2005.

m'attardais ensuite sur les causes d'un terrorisme qui empruntait des moyens si aveugles et impopulaires. Il fallait que ce recours à des méthodes si désespérément vindicatives eût une explication. Je troublais alors, et profondément, une bonne conscience que j'avais toute raison de connaître, et qui était effarante. Rosfelder ne me désavoua pas. Camus m'approuva. Une partie des miens s'inquiéta pour moi, l'autre me renia. D'emblée, ce fut l'écartèlement. J'avais décrit sans sectarisme une situation concrète telle qu'elle était de bonne foi vécue par les futurs sacrifiés de l'histoire. On commença à dire que j'étais d'autant plus dangereux que j'avais la "compréhension insidieuse". Plus modéré que mes confrères d'extrême gauche à Paris, j'étais plus explosif à Alger. À chacun de mes voyages on devait dès lors me regarder comme si j'avais moi-même posé une bombe [1]. »

SUEZ, ISRAËL, LA DIMENSION INTERNATIONALE

La question du rapport à l'État d'Israël a pesé sur les conduites juives en Algérie. Dans la situation de guerre froide de l'époque, il était possible, au sein de certains milieux juifs locaux proches de la SFIO, de soupçonner les Soviétiques d'aider le FLN par le biais de l'Égypte nassérienne. En 1956, les violentes campagnes des socialistes français contre un Nasser décrit comme un « nouvel Hitler » ont réussi à atteindre une fraction significative de la communauté. D'autant que le départ précipité des juifs égyptiens au moment et après la nationalisa-

---
1. Jean Daniel, *Le temps qui reste, op. cit.*

tion du canal de Suez, en 1956-1957, a renforcé le sentiment de méfiance ou d'hostilité à l'égard de cette révolution nationaliste égyptienne. A *contrario*, le jeune État d'Israël soutenait fermement à l'ONU les positions françaises de l'époque contre le nationalisme algérien.

Pendant la guerre d'Algérie, les services secrets israéliens ont aidé certains juifs d'Algérie contre le FLN. Le journal israélien *Maariv*[1] révèle ainsi, en mars 2005, comment une cellule du Mossad a armé et entraîné des juifs de Constantine à se défendre contre des membres du FLN. Le reportage parle de deux anciens agents, Avraham Barzilaï et Shlomo Havilio, en poste à ce moment-là à Constantine et à Paris. Arrivé à Constantine en janvier 1956 après avoir servi dans l'«unité 131» des services de renseignements de Tsahal et avoir entraîné, dans ce cadre, les jeunes juifs égyptiens qui furent impliqués ensuite dans la «sale affaire[2]» d'un attentat contre Nasser, Avraham Barzilaï, vingt-neuf ans, est envoyé par le Mossad avec sa femme à Constantine. Sa «couverture» est un poste d'enseignant d'hébreu. En mai 1956, il a déjà mis sur pied des cellules de juifs constantinois armés qui ont pour mission de défendre la communauté juive locale. Le 12 mai 1956, jour de la fin du Ramadan, Barzilaï a «le pressentiment que des membres du FLN vont commettre un attentat». Il donne l'ordre aux membres de sa cellule de s'armer de pistolets et de

---

1. «Comment le Mossad a armé les juifs de Constantine en 1956», *Maariv*, 25 mars 2005. Cette histoire a été racontée pour la première fois à l'occasion du premier rassemblement mondial, à Jérusalem, des juifs originaires de Constantine (les 27 et 28 mars 2005).
2. Il s'agit d'une tentative d'assassinat, ratée, des services secrets israéliens au Caire contre la personne de Nasser.

patrouiller rue de France, l'artère principale du quartier juif de Constantine. À midi, une très forte explosion secoue la rue : un Algérien musulman a jeté une grenade à l'intérieur d'un café. Les membres de la cellule de Barzilaï arrivent aussitôt sur place. Des femmes juives crient. L'une d'elles désigne du doigt la ruelle vers laquelle le lanceur de grenade s'est enfui. « Les jeunes juifs de ma cellule l'ont rattrapé et l'ont abattu, relate Barzilaï avant de poursuivre : Nous craignions que les Arabes ne viennent se venger contre le quartier juif. Nous avons alors déployé quatre autres cellules sur des points stratégiques à l'entrée du quartier juif. Certains juifs portaient des armes avec l'autorisation des autorités françaises. Très rapidement les coups de feu ont commencé à fuser de toutes parts. Et les juifs armés, furieux après l'attentat, ont commencé à se diriger vers le quartier musulman. J'ai donné l'ordre à nos hommes de prendre le contrôle de la situation et d'éviter tout débordement aux conséquences dramatiques. » Barzilaï explique ensuite que seuls six soldats français sont arrivés sur place. Ce sont les juifs des cellules du Mossad qui leur ont indiqué ce qu'ils avaient à faire : « Nos hommes ont pénétré dans des cafés arabes voisins et leur ont causé des pertes sérieuses », rapporte-t-il dans un message codé envoyé au quartier général du Mossad en Europe, dirigé à Paris par Shlomo Havilio [1]. Cette terrible péripétie, rapportée quarante ans après les faits par un journal israélien, est difficile à vérifier, mais elle

---

1. Cette histoire a été reprise en Algérie, en particulier par *Le Quotidien d'Oran*, du 26 mars 2005, sous le titre « Le Mossad a combattu le FLN ». Le journal se demande si cet « aveu ne constitue pas un début d'excuse auprès des Algériens ».

est très plausible. Elle révèle le niveau de tension extrême entre les deux communautés de la ville de Constantine, pourtant fortement imbriquées l'une dans l'autre, vivant dans le même espace. Ce qui la rend également vraisemblable, c'est le fait qu'au cours du mois de mai 1956, les responsables du FLN de la ville ont lancé un mot d'ordre de boycott des commerçants juifs [1].

Dans l'esprit des Algériens nationalistes, cette attitude israélienne a favorisé l'amalgame entre le conflit israélo-arabe et la guerre opposant Français et Algériens. De plus, les travaillistes israéliens et les socialistes français emmenés par Guy Mollet ont renforcé leurs liens pendant l'expédition de Suez de novembre 1956. Pourtant, à l'initiative de journalistes marxistes comme Ury Avnery, des contacts officieux ont eu lieu entre des responsables du Mapam [2], Shlomo Derkh, Simha Flapan, et des nationalistes algériens. Ces militants de la gauche israélienne étaient favorables à la guerre d'indépendance algérienne, comparable à celle qu'ils avaient menée quelques années auparavant contre l'occupation anglaise de la Palestine. Ainsi, au printemps 1962, non sans avoir reçu l'accord de la France, des diplomates israéliens rencontrent des membres du Gouvernement provisoire de la République algérienne (GPRA). D'après la revue de l'Union des étudiants juifs de France, «au sein de l'institution algérienne, un clivage apparaît sur la question israélienne. La première tendance est pacifiste. Menée par Benyoucef Benkhedda, Krim Belkacem et

---
1. Témoignage recueilli en 1985 d'un ancien responsable du FLN de la ville de Constantine.
2. Parti de la gauche israélienne.

Mohamed Boudiaf, elle plaide l'établissement de liens discrets avec Israël et souhaite s'éloigner de l'Égypte. La seconde, belliciste, est dominée par la fraction benbelliste. Violemment anti-israélienne, elle plébiscite des rapports renforcés avec Nasser [1]. » Confirmée par d'autres sources, la volonté de médiation côtoie l'intransigeance parmi les indépendantistes algériens. Les rencontres sont interrompues après l'accession au pouvoir d'Ahmed Ben Bella. Dès lors, l'Algérie adoptera un discours d'antisionisme absolu.

Le basculement pour le maintien de l'Algérie française

Au moment où se dessine la perspective d'une conquête du pouvoir (des négociations officielles se sont ouvertes à Melun en juin 1960 avec les représentants de l'État français), la guerre à Tunis fait rage à l'intérieur du Gouvernement provisoire de la République algérienne (GPRA) réfugié en Tunisie. Des « ultras », qui veulent mettre en difficulté Ferhat Abbas, jouent la carte de l'arabisme le plus intransigeant. À l'occasion d'un voyage du général de Gaulle en Algérie effectué entre les 9 et 13 décembre 1960, le FLN décide de violentes manifestations de masse. Les mots d'ordre « Algérie musulmane » sont scandés (et non plus « Algérie algérienne »). Gendarmes et CRS tirent, un bilan officiel fait état de 112 morts musulmans pour la seule ville d'Alger. Le 12 décembre 1960, des

---

1. Ilan Scialom, « OLP/FLN : le grand frère algérien », in *Tohu-Bohu*, revue de l'UEJF, n° 9, printemps 2005, p. 18.

émeutiers musulmans mettent à sac la grande synagogue d'Alger, le temple de la place Randon. Les rouleaux de la Loi sont profanés, le mobilier pillé, les grilles de l'édifice arrachées. Des inscriptions « Mort aux juifs » surmontées de croix gammées s'étalent sur les murs. Sur les ruines du temple, les émeutiers plantent le drapeau vert et blanc, symbole du nationalisme algérien. Le FLN ne revendique pas ce saccage, le désavoue. Bâtie sous Napoléon III, cette belle synagogue constituait l'un des lieux de culte privilégiés du judaïsme algérien. À Oran, les manifestants profanent le cimetière juif, pillent la maison du gardien. Ces violences marquent le début de l'effritement rapide d'une communauté inquiète pour l'avenir que lui réserve l'Algérie nouvelle, inquiétude par ailleurs bien exploitée par une OAS naissante[1], acharnée à semer le chaos et la confusion. Progressivement, la masse de la communauté juive d'Algérie glisse vers des positions où s'exprime ouvertement l'attachement à l'Algérie française, s'opposant ainsi au nationalisme indépendantiste algérien. Henri Chemouilli, dans son livre déjà évoqué, explique ainsi son basculement vers l'OAS : « On me demanda si cela ne me gênait pas d'être dans le même combat que des fascistes, des racistes, des antijuifs. Je répondis qu'il y avait certainement de tels hommes dans les rangs de l'Algérie française mais que je ne les connaissais pas. Et c'était vrai. L'OAS, telle que je l'ai connue dans ma petite sphère, était faite d'anciens combattants, souvent anciens résistants, toujours d'anciens gaullistes. Tous hommes de gauche,

---

1. L'Organisation armée secrète (OAS) est née officiellement en janvier 1961 à Madrid.

avec ça ! Nous ne cherchions pas une revanche posthume de Pétain, nous ne méditions pas le renversement du régime. Nous ne voulions pas mourir, tout simplement[1]... »

Cette attitude n'a pas été toujours comprise et moins encore approuvée par les juifs de France, majoritairement sympathisants des partis de gauche.

LE JUDAÏSME DE FRANCE ET LA GUERRE D'ALGÉRIE

Les juifs de France en effet, très marqués par le drame terrible de la Seconde Guerre mondiale, du génocide et de la collaboration de l'État français sous Vichy, penchent plutôt vers l'indépendantisme algérien. Ils ont du mal à comprendre les juifs d'Algérie qui poursuivent leur combat pour l'émancipation républicaine des musulmans dans le cadre de l'Algérie française alors que l'heure de l'indépendance a sonné. La guerre d'Algérie a peut-être ainsi accentué la distinction entre « ashkénazes » et « séfarades », même si cette dénomination n'est pas, à l'époque, très opératoire, les juifs en provenance du monde arabo-musulman étant peu nombreux dans la société française des années 1950. Cependant, le judaïsme officiel s'abstient de prendre position publiquement par le biais de ses institutions traditionnelles. Entre une cause considérée juste, l'indépendance de l'Algérie, et la solidarité entre coreligionnaires, comment choisir ?

---
1. Henri Chemouilli, *Les Juifs d'Algérie, une diaspora méconnue*, op. cit., p. 58.

L'engagement se fera donc en dehors des institutions. Des sionistes de gauche proches du Mapam et membres du cercle Bernard-Lazare défendent ainsi le principe de l'indépendance algérienne. Quant à l'Union des étudiants juifs de France (UEJF), elle souhaite que son journal, *Kadimah*, serve de lieu d'expression des différentes sensibilités juives à propos de cette guerre. Dans un numéro daté de l'année 1957, un lecteur marocain se déclare solidaire des juifs d'Algérie et reproche à ses « frères juifs de France de méconnaître la réalité des communautés nord-africaines, d'ignorer le problème de l'indépendance algérienne qui conduirait les juifs, prisonniers du pays, à s'assimiler aux musulmans. Elle les priverait du choix entre la France émancipatrice et l'État d'Israël[1]. » Les tentatives d'unité entre étudiants juifs et arabes, en France pendant la guerre d'Algérie, font long feu[2]. Et les engagements spectaculaires dans les rangs des partisans de l'Algérie française sont rares. C'est le cas de Didier Schuller, ancien conseiller général des Hauts-de-Seine, qui a participé aux actions de l'OAS et fermé les yeux sur un compagnonnage troublant avec les nostalgiques de Vichy. *A contrario*, dans le cadre d'une nouvelle gauche qui émerge pendant la guerre d'Algérie, et au nom de sa judéité et de la lutte antifasciste, le jeune avocat Yves Jouffa défend avec passion les militants nationalistes algériens emprisonnés. Parmi ceux qui s'engagent de la sorte du côté du FLN, certains pensent servir de médiateurs dans le

---

[1]. Cité dans « Clivages de guerre », in *Tohu-Bohu*, revue de l'UEJF, n° 9, printemps 2005, p. 16, numéro consacré à « L'Algérie et les juifs, devoir de mémoire ».
[2]. Voir le témoignage d'Henri Atlan, né en Algérie, et venu poursuivre ses études en France à partir de 1949, dans *L'Arche*, n° 273, décembre 1979, p. 36.

conflit israélo-arabe alors à ses débuts. Sans compter la cohorte des enfants de déportés engagés dans l'Union des étudiants communistes (UEC) qui, comme les frères Krivine ou Pierre Goldman, soutiennent la cause de l'indépendance algérienne.

À la fin de la guerre d'Algérie, le divorce est de plus en plus spectaculaire entre les juifs d'Algérie attachés au maintien de l'Algérie française et les juifs de France d'origine ashkénaze massivement engagés à gauche, proches du Parti communiste et favorables à l'indépendance algérienne. Ainsi, en mai 1961 à Paris, la revue *Droit et Liberté*, journal du MRAP (Mouvement contre le racisme, l'antisémitisme et pour la paix), publie sous la signature d'un «groupe de patriotes algériens juifs» un article qui tente d'apaiser les inquiétudes naissantes : «Regardez combien sont estimés ceux d'entre vous qui ont enrichi le patrimoine spirituel algérien. Le chanteur et musicien constantinois "Raymond" n'est-il pas cher aux yeux des musulmans? Ils l'aiment parce qu'il a contribué à conserver et enrichir le folklore algérien que les colonialistes ont voulu étouffer.»

Article tragique, prémonitoire, car «Raymond», célèbre chanteur de malouf, est assassiné un mois plus tard à Constantine, le 22 juin 1961. Marthe Stora se souvient : «Il s'appelait Raymond Leiris, il était chanteur d'orchestre, il chantait en arabe. Le père d'Enrico Macias, Sylvain Gnancia, jouait du violon dans son orchestre. Raymond a été assassiné en 1961. On l'a tué en plein marché, à Constantine. Tout le monde a été horrifié.» Faut-il voir dans cet assassinat une coïncidence? En juin 1961, Ferhat Abbas est chassé de la direction du GPRA[1]. Les

---

1. Sur l'élimination de Ferhat Abbas de la direction du GPRA, voir Benjamin Stora et Zakia Daoud, *Ferhat Abbas, une utopie algérienne*, Paris, Denoël, 1995.

attentats contre les juifs se multiplient. Pourtant, de retour en Algérie en 1962 après six ans d'absence, Ferhat Abbas tombera dans les bras d'Élie Stora, adjoint au maire de Khenchela, qui lui dira : « Maintenant, Ferhat, tu vas nous construire notre belle Algérie[1]. »

Durcissement et violences intercommunautaires
Une bataille sur deux fronts ?

Un durcissement idéologique est cependant nettement perceptible avant l'indépendance parmi les dirigeants du nationalisme algérien. Le rêve d'une société fraternelle et multiculturelle s'éloigne de plus en plus. En 1960, revenant de Tunis vers la base de Melun dans un avion privé, Jean Daniel est accompagné de deux représentants importants du FLN, Ahmed Boumendjel et Mohamed Benyahia, tous deux originaires de Blida, le frère du premier ayant été en classe avec le journaliste. « Dans cet avion, dont un des moteurs a brûlé au cours du vol, et où Boumendjel n'a pu cacher sa peur tandis que Benyahia, un être maigre, sec, contrôlé, méprisait le danger, je leur ai posé une question capitale pour moi : "Croyez-vous qu'avec tous ces fanatiques religieux derrière vous, il y aura dans une Algérie indépendante un avenir pour les non-Algériens, les non-musulmans, les chrétiens, les juifs auxquels vous avez fait appel?" Ils ont eu l'élégance d'attendre quelques instants avant de me répondre, et j'ai senti dans la lourdeur de leur silence qu'ils

---

[1]. Responsable socialiste dans les Aurès, et ami personnel de Ferhat Abbas, Élie Stora était le frère de mon grand-père.

réfléchissaient pour savoir s'ils allaient me donner une réponse toute faite ou s'ils devaient m'avouer la vérité. Boumendjel s'est adressé à Benyahia : "Il ne faut pas mentir à Jean." Ils m'ont alors expliqué que le pendule avait balancé si loin d'un seul côté pendant un siècle de colonisation française, du côté chrétien, niant l'identité musulmane, l'arabisme, l'islam, que la revanche serait longue, violente, et qu'elle excluait tout avenir pour les non-musulmans. Qu'ils n'empêcheraient pas cette révolution arabo-islamique de s'exprimer puisqu'ils la jugeaient juste et bienfaitrice. Aujourd'hui, cette conversation me paraît normale, mais je suis tombé de haut[1]. » La violence intercommunautaire s'enracine dans la vie quotidienne. À Oran, le 11 septembre 1961, le matin de Rosh Hashana, jour de l'an juif, un jeune père en habit de fête se rend à la synagogue. Il porte le plus jeune de ses enfants, il tient l'autre par la main. Le père de famille s'effondre, un poignard planté dans le dos. Le coiffeur ambulant Henri Choukroun est tué. Son agresseur est musulman. La réaction est immédiate, la colère terrible. On se préparait à la prière, on court à la vengeance. Les juifs attaquent les suspects, prennent d'assaut les boutiques arabes. Deux musulmans trouvent la mort. Depuis le début de la guerre d'Algérie, c'est le premier affrontement réel entre les deux communautés à Oran, la troupe isole le quartier juif. Dans la fin de guerre, en se rapprochant ouvertement des thèses de l'Algérie française, les juifs d'Algérie se marginalisent davantage encore par rapport à la société indigène. Les

---

1. Jean Daniel, *Cet étranger qui me ressemble*, op. cit., p. 198-199.

musulmans les suspectent de sacrifier à des valeurs étrangères et ennemies un destin national possible. À l'heure du choix décisif, ils apparaissent à leurs yeux comme les victimes d'un « piège historique [1] » dont la conséquence, l'échappatoire, ne peut être que l'exil, le départ hors d'Algérie.

La communauté juive est également frappée de l'« autre côté » : des membres des commandos de l'OAS « alphas » s'en prennent le 20 novembre 1961 à William Lévy, secrétaire général de la fédération socialiste (SFIO) algéroise. Cet homme âgé de soixante et un ans, dont un fils a été assassiné le 23 juin 1956 par un militant du FLN, et une nièce amputée des deux jambes après l'attentat du « dancing de la Corniche » perpétré le 9 juin 1957 à Saint-Eugène, est abattu par deux hommes qui ignoraient que le colonel Godard avait annulé l'ordre de le tuer [2]. Socialiste parce que français, libéral parce que juif, il incarnait toute une génération dont l'idéal était en train de mourir avec lui. Quelques années plus tard, en Israël, un autre de ses fils sautera sur une mine avec le tracteur qu'il conduisait.

En novembre 1961, les attentats sont nombreux. Adolphe Lévy, président des Anciens prisonniers de la Seconde Guerre mondiale à Alger, est assassiné, ainsi que David Zermati, bâtonnier, président de la communauté juive de Sétif et ami d'Ali Boumendjel. La personnalité de David Zermati rayonnait sur l'ensemble des communautés algériennes. Il était le

---

1. Pour reprendre le mot de Dominique Schnapper à propos d'une autre « communauté », celle des harkis, dans sa préface du livre de Mohand Hamoumou, *Et ils sont devenus harkis*, Paris, Fayard, 1993.
2. Georges Fleury, *Histoire secrète de l'OAS*, Paris, Grasset, 2002.

symbole de l'entente et de l'amitié dont rêvaient certains dans l'Algérie nouvelle. Après son assassinat, les juifs quittent la ville en masse. De 2 400 juifs à Sétif en 1954, il n'en reste que 700 en 1962. Pour les Européens de Sétif, cet assassinat spectaculaire est aussi le signe du départ. Le mois suivant, un tract de l'OAS revendique le meurtre de Moïse Choukroun, accusé d'avoir « tenté de quitter le territoire algérien malgré l'ordre général de mobilisation, pour s'établir en métropole ». Moïse Choukroun était vice-président de la Cultuelle de Maison-Carrée. « Faudrait-il nous battre sur deux fronts ? » note Henri Chemouilli dans son ouvrage sur les juifs d'Algérie.

À Oran, à la veille des accords d'Évian de mars 1962, l'armée française tire en plein quartier juif sur des jeunes gens qui chantent *La Marseillaise*. On relève quatre morts. À Mostaganem, la communauté juive se heurte aux forces de l'ordre le jour des obsèques d'un lycéen de treize ans et de son professeur. Dans la rancœur et la colère contre la France, les juifs vont peu à peu grossir les rangs de l'OAS comme d'autres juifs avaient grossi les rangs du FLN à ses débuts. Une sorte de distance toutefois se devine par rapport à ce qu'on a appelé l'activisme européen car on ne compte pas de juifs parmi les principaux chefs de l'OAS, dont les premières manifestations, au cours du printemps 1961, sont accueillies avec réserve par les juifs d'Oran. Jusqu'à l'été 1961, les attentats de l'OAS contre les musulmans sont beaucoup moins nombreux dans les quartiers juifs que dans les autres quartiers. Mais en septembre de la même année, les attentats du FLN font basculer une fraction de la communauté. L'historien Rémi Kaufer rappelle ainsi l'existence de « groupes d'action israélites qui, sous la pression croissante des attentats FLN, ont surmonté leur répugnance envers les éléments d'extrême droite actifs au sein de l'organisation secrète pour se joindre à elle sous l'appellation générique d'"OAS juive" à laquelle ils tiennent beaucoup ». L'équipée d'un Jean Guenassia, que la presse métropolitaine décrit comme un ancien du groupe Stern (formation activiste sioniste au moment de la guerre israélo-arabe de 1947), défraie la chronique. À la différence de ce que décrivait Henri Chemouilli sur les débuts de l'OAS, en cette fin d'année 1961, raconte Alain T., un ancien de l'organisation terroriste, « il fallait quand même se boucher les narines et fermer un peu les yeux. L'OAS comptait beaucoup d'antisémites qui faisaient dans la "fraternité d'armes", la croix celtique sur les barricades. J'évitais de la regarder. Au fond, ils étaient les enfants de ceux qui avaient élu les antisémites Régis et Drumont, ceux qui avaient applaudi à Vichy. Mais les Arabes, il faut bien le dire, n'y avaient pas mis du leur[1] ». *L'Arche*, mensuel du judaïsme français, dans un numéro spécial consacré, en 1982, à « L'Algérie, vingt après », a publié les témoignages et explications de ceux qui avaient franchi le pas, tel celui-ci : « Alors pourquoi l'OAS ? Parce que les juifs étaient coincés, pris entre le marteau et l'enclume de cette guerre, à la fois franco-arabe, franco-française et "guerre aux juifs" dans chaque camp.

---

1. Témoignage d'un ancien de l'OAS dans *L'Arche*, n° 273, décembre 1979, p. 37.

Impossible de fuir, parce que pour l'OAS, partir c'est déserter, et aussi un peu pour l'administration (comment quitter son poste quand on est fonctionnaire) [1]. »

Mais si de petits commandos spécifiques de jeunes juifs ont bien existé à Oran et à Alger, la masse de la communauté ne faisait pas vraiment preuve d'enthousiasme, notamment parmi les élites (on ne comptait pas de médecins, d'avocats, ou de commerçants juifs dans les commandos Delta). Et certains juifs, tel Lucien Hanoun, membre du Parti communiste algérien (PCA), sont même restés fidèles jusqu'au bout à leur engagement aux côtés du FLN. « J'avais conscience de la lutte des Algériens, écrit-il dans *L'Arche* en décembre 1979. Pourtant, il n'était pas question pour moi de me couper de ma famille, de mon milieu. [...] Les Algériens attendaient que nous comprenions leur lutte. La communauté juive avait l'air fermée à leur appel et l'OAS a accentué le partage en deux camps. [...] Les attentats du FLN pouvaient aussi me toucher, comme tout le monde, j'intégrais cela dans une lutte générale que j'approuvais [2]. »

La sortie d'Algérie

« Comment pouvions-nous croire que ce pays était le nôtre ? Comment n'avions-nous pas ressenti

---

1. « Quatre itinéraires pour une même terre », *L'Arche*, n° 306-307, septembre-octobre 1982, p. 121.
2. Témoignage dans *L'Arche*, n° 273, décembre 1979, p. 38. Lucien Hanoun est demeuré en Algérie après l'indépendance. Il quitte ce pays en 1967, après « la guerre des Six Jours » : « J'en suis parti, poussé par la solitude, l'absence de ma famille. Mais j'y ai laissé plus de la moitié de ma tête, de mon corps. »

qu'au plus profond des masses indigènes commençait à prendre corps un mouvement historique de rejet de la France et qu'un jour nous serions balayés et honnis ? La tourmente antifrançaise emporterait bientôt dans sa bourrasque les juifs indigènes élevés par naturalisation depuis longtemps déjà au rang de citoyens français. L'histoire était en marche [1]... »

Au début de l'année 1962, la situation est extrêmement tendue dans la plupart des villes d'Algérie où cohabitent les communautés juive et musulmane. Les juifs du Constantinois et du Sud, plus près du pays « profond », fournissent les gros bataillons des premiers « partants ». À Constantine, les affrontements sont incessants dans la rue Caraman, la rue principale des juifs. En février 1962, place Négrier, une grenade explose au milieu d'un groupe de musulmans et la foule attaque le consistoire. À cette époque, je m'en souviens, les adultes nous interdisent d'aller dans la rue. Nous vivons enfermés dans les maisons, jouant sur les terrasses, et je ne vais plus au lycée d'Aumale.

Après la signature des accords d'Évian de mars 1962, les rues se remplissent de « cadres », sortes de grands containers en bois où les familles mettent leurs meubles. Les juifs abandonnent toutes leurs villes [2]. Le mouvement est général, partout le départ en masse commence vers la France. Vers la France et non vers Israël, comme l'explique Daniel Timsit dans son autobiographie : « Pour ma

---

[1]. Guy Bensimon, *Soleil perdu sous le pont suspendu, une enfance à Constantine*, Paris, L'Harmattan, 2001, p. 199.
[2]. C'est aussi le cas à Constantine. Les juifs avaient défendu cette ville contre les Français, en 1837, aux côtés d'Ahmed Bey, le bey de la ville, redoutable ennemi de la France, qui avait réussi à mettre fin dans sa province aux tensions sociales et raciales entre les deux communautés. Les juifs aimaient leur bey et leur ville.

famille, Israël n'était pas leur pays. Bien sûr, Jérusalem était leur ville, pas leur ville en tant que ville-nation, mais en tant que ville céleste. Quand Israël est né, ils n'ont pas considéré que c'était leur pays. Chez les traditionalistes, il n'y avait pas ce sentiment. Par contre, c'est peut-être chez les jeunes très francisés qu'apparaît alors un sentiment national juif. Mais cela fut marginal[1]. » Alexandre Arcady, jeune adolescent juif à Alger en 1960, raconte un peu la même chose dans son livre *Le Petit Blond de la Casbah* : « C'est seulement et précisément la perspective de nous faire découvrir la France qui avait intéressé mon père et non pas les théories idéalistes de l'Hachomer (mouvement de jeunesse sioniste, de gauche) qu'il ignorait d'ailleurs totalement. Toujours sa vieille idée fixe de nous montrer comment c'était de l'"autre côté"[2]... »

Les semaines qui précèdent l'indépendance voient l'exode quasi intégral de la population juive d'Algérie évaluée à plus de 130 000 âmes. Dans son écrasante majorité (plus de 95 %), elle choisit de s'établir en France. Les aérodromes, les ports sont pris d'assaut par des foules affolées qui abandonnent tout pour gagner l'autre rive de la Méditerranée. Se souvenant de cette période, le grand rabbin René Sirat dira : « 1962 n'a pas été préparé, ni par les uns ni par les autres car nombreux étaient les juifs algériens qui, en janvier 1962, jusqu'aux accords d'Évian de mars, étaient persuadés que l'Algérie resterait française. Il a fallu ensuite, en trois mois, prendre des décisions particulièrement graves. Pour un certain nombre d'entre nous, le

---

1. Daniel Timsit, *Algérie récit anachronique, op. cit.*, p. 23-24.
2. Alexandre Arcady, *Le Petit Blond de la Casbah*, Paris, Plon, 2003, p. 164.

mois de janvier représente un véritable cauchemar, puisque certains sont tombés, à Constantine, à Alger, à Oran, pendant les dernières semaines de combat entre le FLN et l'OAS, avec l'armée française. Finalement, la dernière image que j'ai gardée de l'Algérie, c'est fin janvier 1962, lorsque j'ai assisté aux obsèques de mon frère qui a été assassiné à Constantine, et lorsque j'ai vu, quelques mois après, mon père soudain frappé de vieillesse. Il est descendu dans la tombe dans le chagrin, et ma mère l'a suivi quelques mois plus tard. Par conséquent cette période n'a pas été préparée. La plupart des gens, comme la plupart des responsables, ont été pris de court. Presque tout le monde s'imaginait, jusqu'au début de 1962, que l'Algérie resterait française. On ne peut pas demander à une communauté de prévoir ce que les dirigeants, au plus haut niveau, n'ont pas prévu. [...] En quelques semaines, les juifs algériens voyaient leur monde s'écrouler, leur certitude de citoyens français en terre algérienne s'abolir, en ayant à prendre des décisions extrêmement rapides. La solution la moins difficile était de se rendre, au début croyait-on provisoirement, chez un frère, un cousin, un ami à Paris ou à Marseille. En attendant que l'on puisse reprendre ses esprits, et essayer de retrouver une situation plus calme, plus stable [1]. »

L'événement qu'ils s'étaient refusés à prévoir, la création d'un État algérien, plonge les juifs d'Algérie dans le désarroi et l'affolement. Désormais, pour la plupart d'entre eux, la perspective inouïe de l'exil semble être la seule issue. Toutes catégories sociales

---

1. Exposé de René Sirat, grand rabbin de France, Colloque sur le judaïsme algérien, *op. cit.*, p. 53-54.

et politiques confondues, ils se trouvent rejetés sur la rive «européenne» de la Méditerranée, dans une vraie débâcle, à la veille de la proclamation de la République algérienne, le 3 juillet 1962.

L'arrivée en France se fait dans des conditions catastrophiques. Dans ses notes prises sur le vif, sorte de synthèse quotidienne des besoins[1], le grand rabbin d'Alsace parle d'une mobilisation générale de toutes les ressources humaines des institutions juives d'Alsace pour accueillir les réfugiés. Sans encadrement adapté, les responsables sont obligés d'improviser devant l'arrivée de centaines d'enfants que l'on répartit dans les familles alsaciennes qui se sont fait connaître. Les centres communautaires de la région, les synagogues désaffectées du département sont occupés, une activité de ruche y règne pendant des mois. «On verra demain, mais pour l'instant posez ce préfabriqué dans la cour, allez voir ici, faites ça... On installait là une infirmerie de fortune, on envoyait un médecin, un animateur, on appelait la mairie ou la préfecture, on sollicitait le proviseur du lycée... Les besoins étaient innombrables. Les familles ne cessaient d'arriver. Certaines reprenaient leurs enfants, d'autres en envoyaient, beaucoup n'avaient pas où loger. Ils arrivaient à minuit; il y avait des bébés, il fallait des berceaux, des poussettes. Des espaces clos, des salles de classe et d'internat s'élevaient des appels, des cris, des pleurs silencieux. Songez! Des centaines de familles en quelques

---

[1]. Ces synthèses avaient pour but de définir les besoins du jour, d'annoncer ceux du lendemain et de rappeler ceux qui n'avaient pas encore trouvé de solution. Le grand rabbin écrit : «Elles sont statistiques et parlantes, et traduisent mieux que n'importe quel reporter le fol été qui, sur les bords du Rhin, n'en finissait pas, cette année 1962, d'imposer sa canicule sociale, religieuse.»

mois, beaucoup de greniers strasbourgeois envoyaient chaises, matelas, lits et autres draps et couvertures, et la vieille pharmacie. »

Les juifs d'Algérie réfugiés de l'été 1962 retrouvent environ 20 000 de leurs coreligionnaires d'Algérie installés en métropole depuis peu ou venus antérieurement. Ils doivent réorganiser leur vie, tant bien que mal. Marthe Stora le raconte : « Une valise, vingt kilos de bagages, un avion militaire... On a tout laissé. Quand nous sommes arrivés en France, on a d'abord vécu à trente dans un petit appartement à Montreuil le temps de chercher. Mon mari a retrouvé un ami qu'il avait aidé à Constantine. Il nous a prêté un petit deux pièces, un taudis, une ancienne forge, avenue Mozart. Avec mon mari et nos deux enfants, on a vécu là deux ans. Dès notre arrivée, je me suis mise à l'usine, chez Peugeot. Je ne connaissais rien à ce travail. Ç'a été très, très dur. Pour les Français, on leur enlevait le travail. À l'usine, c'était la chaîne. Il fallait contrôler et mettre dans les cartons. Certaines n'y arrivaient pas, j'allais les aider. Moi, je fermais les cartons, je mettais les étiquettes, je tenais les fiches, je plaçais sur le chariot et ça partait. »

Au total, environ 130 000 personnes (et non 150 000 ou 160 000 comme on l'a souvent affirmé dans diverses publications juives) ont émigré. Quelques centaines de familles ont cherché fortune au Canada et aux États-Unis, d'autres (5 000 environ) se sont installées en Israël. C'est seulement après la guerre des Six Jours de 1967 que va commencer le départ de juifs d'Algérie (désormais installés en France) vers Israël[1].

---

1. Claude Tapia, *Les Juifs du Maghreb, diasporas contemporaines*, Paris, L'Harmattan, 1986.

Dans l'exil

> « *L'Algérien, par tempérament, est impétueux. L'exode des communautés juives prit dans ce pays le caractère d'une crue dans un oued saharien : il n'y a pas une goutte d'eau dans la vallée, depuis des années. Soudain, l'inondation arrive, impétueuse, irrésistible, terrifiante : en quelques heures, elle emporte tout sur son cours, hommes, troupeaux et villages ; puis, la dévastation étant passée, tout rentre à nouveau dans le calme pour des années*[1]. »

En près d'un siècle, de 1870 à 1962, les juifs d'Algérie ont donc vécu trois exils qui ont été des épreuves, subies ou assumées. Avec le recul de l'histoire, ils apparaissent successivement comme des déracinés par rapport à leur langue et leur culture d'origine, des étrangers au moment de Vichy et des réfugiés après l'indépendance algérienne de juillet 1962. Toutes ces expériences de migrants et de « proscrits » leur donneront longtemps le sentiment de vivre une épreuve perpétuelle.

En octobre 1962, il ne restait que 25 000 juifs en Algérie dont 6 000 à Alger. En 1971, ils n'étaient plus que 1 000 et, en 1982, il n'en restait plus que...

---

[1]. André Chouraqui, *La Saga des Juifs en Afrique du Nord*, op. cit.

200. Dans les années 1990, au plus fort de la tragédie algérienne, il n'y avait pratiquement plus de juifs dans le pays[1]. Ce départ massif présageait de la crise identitaire de l'Algérie indépendante, l'absence de minorités non musulmanes favorisant les risques d'isolement et d'enfermement culturel. L'exode des juifs d'Algérie a préfiguré également les départs massifs et définitifs des populations juives de Tunisie et, plus tard, du Maroc[2].

En arrivant en métropole dans les années 1960-1970, ils évitèrent de se singulariser dans l'espace public. Ils souhaitaient confirmer leur appartenance à la France, ne pas apparaître comme des exilés, s'installer enfin de façon définitive dans cette société optimiste des années 1970, en s'inscrivant dans une continuité française, complètement assumée. Leur histoire particulière se faisait discrète, enfouie sous le consentement à l'assimilation jacobine; quant à l'histoire algérienne, elle leur était devenue presque étrangère.

Cet ancrage très «français» se trouvait encore renforcé en raison d'un sentiment de décalage par rapport aux autres composantes de la communauté juive. Les juifs d'Algérie se sentaient en porte-à-faux par rapport aux ashkénazes, parce qu'ils venaient d'Orient, étaient généralement plus observants, avaient des pratiques culturelles spécifiques, mais aussi parce qu'ils ressentaient parfois, de la part des

---

1. Sur la présence juive dans l'Algérie indépendante, Aïssa Chenouf, *Les Juifs d'Algérie, 2 000 ans d'existence, op. cit.*
2. Selon le journal marocain en langue arabe *Al Mounaataf,* du 23 novembre 1999, «la communauté juive de Rabat est passée de plusieurs milliers de personnes à quelques dizaines. Le dernier mariage a eu lieu il y a plus d'un an. Le pain azyme de la Pâque juive est importé de France. Les dix enfants qui restent sont scolarisés à la mission française», par Mohammed Nasik.

juifs européens, les effets dévalorisants d'un écart social et d'un regard un peu condescendant. Ils se découvraient également différents des autres séfarades. Car, dans la France des années 1960-1980, leur passé républicain et « assimilationniste » n'était pas bien perçu par ces derniers, qui leur reprochaient d'ignorer ou d'effacer la part d'Orient dans leur histoire, les jugeant trop tournés vers le « nord », trop fascinés par l'Occident. Ils critiquaient en outre leur manque de liens forts avec l'État d'Israël, à la différence des juifs marocains notamment. Des liens qui, de fait, vont se renforcer très nettement dans les années 1990, comme l'attestent la multiplication des échanges avec l'État hébreu, l'accroissement des relations culturelles, les nombreux voyages touristiques et les achats de biens immobiliers en prévision de la retraite.

Les habitants de la métropole, eux, ne faisaient aucune différence entre les pieds-noirs d'origine européenne et les juifs qui sont restés présents dans les multiples associations de pieds-noirs cultivant la « nostalgéria ». Cette « fusion » dans l'univers pied-noir alarmait d'ailleurs les représentants religieux de la communauté. Benjamin Assouline, rabbin de Jérusalem et ancien grand rabbin de Lyon, déclarait ainsi, en 1986 : « Je crains fort pour le judaïsme français. L'assimilation est galopante, les mariages mixtes causent de grands ravages dans nos rangs. Le manque de cadres qualifiés se fait cruellement sentir. Que de drames dans nos familles [1]. » Le grand rabbin de France René Sirat exprimait de même son inquiétude et ses regrets : « Il existe en

---

1. Intervention de Benjamin Assouline, rabbin de Jérusalem, ancien grand rabbin de Lyon, Colloque sur le judaïsme algérien, *op. cit.*, p. 28.

France, dans le cadre du CRIF qui joue le rôle d'une Fédération, plusieurs associations originaires de divers endroits (Pologne ou Maroc). La seule association qui se soit dissoute de son plein gré, c'est l'association des juifs originaires d'Algérie qui a décidé qu'elle n'avait plus de raison d'être et, par conséquent, elle a décidé de se dissoudre[1]. » L'un et l'autre voyaient là, non sans appréhension, l'aboutissement d'un long processus d'intégration progressive dans la société européenne, engagé depuis un siècle, sous couvert d'une « régénération » laïque de l'humanité.

La substitution d'un messianisme politique spécifiquement français, où se découvraient les traces laissées par la Révolution de 1789, au messianisme religieux typiquement juif, avait été un élément central de l'éclatement des communautés traditionnelles, dans les villes du littoral méditerranéen d'abord, puis dans les bourgs de l'intérieur. À la différence des musulmans, qui n'eurent pas cette possibilité d'entrée dans la cité nouvelle, les juifs ne se sont pas mis à regretter le temps d'avant la présence française. S'éloignant très vite de l'histoire de l'Empire ottoman, ils ont amalgamé le système colonial à celui des droits du citoyen et ont revendiqué le droit de participer à ce qui leur semblait juste.

Avant la catastrophe de Vichy, l'assimilation avait été progressive sur plus d'un demi-siècle, avec l'émergence de notables modérés et prudents, conservateurs de pratiques traditionnelles dans l'espace familial et adaptés au monde occidental

---

1. Exposé de René Sirat, grand rabbin de France, Colloque sur le judaïsme algérien, *op. cit.*, p.49.

dans leur vie professionnelle et publique. Juridiquement assimilés, les juifs d'Algérie connurent alors un dynamisme social certain, même s'il était entravé par un antisémitisme populaire féroce. Ils restaient unis autour d'un fond laïcisé de religion traditionnelle, d'un fort sentiment de minorité et d'un attachement profond à l'image libérale de la France. L'assimilation paraissait être alors le fil conducteur de leur destin.

Le génocide, les persécutions subies sous Vichy et la création de l'État d'Israël vont perturber ce processus d'assimilation qui semblait inexorable. Dès avant la guerre d'Algérie, la passion pour la France n'était plus la même (il n'y a pas décidément d'assimilation heureuse!). La conquête de l'égalité juridique et de la liberté individuelle n'avait pas détruit le sentiment d'appartenance communautaire et celui-ci avait été ravivé par les menaces. Mais avec l'arrivée en France et le désir de s'y intégrer pour oublier traumatisme et arrachement, la transmission de la tradition, y compris religieuse, tendait à s'affaiblir en effet, comme le craignaient les rabbins.

En fait, avec le troisième exil, l'éloignement s'est creusé, tant par rapport au passé juif et à ses repères que par rapport à l'univers arabo-berbère. Il y a eu ainsi un double effacement de l'histoire algérienne. Comme si la guerre d'indépendance et le départ des années 1960 avaient érodé, lentement mais sûrement, tout ce patrimoine ancien du judaïsme en Algérie. Dans les souvenirs juifs, les représentations négatives des «autres», les musulmans, semblent l'emporter tandis que les actes hostiles des Européens, eux, sont minimisés.

Petit à petit pourtant, émerge la mémoire réelle de l'Algérie et, avec elle, une identification des groupes singuliers de l'histoire coloniale. C'est ainsi que l'on redécouvre la sonorité de cette musique si particulière des maîtres juifs arabo-andalous, de Blond-Blond [1] à Reinette l'Oranaise [2], de Lili Boniche à la musique de Cheikh Raymond, portée par son gendre Enrico Macias. Les propos du président algérien Abdelaziz Bouteflika, déclarant lors du 2 500e anniversaire de la ville de Constantine : « Il y a lieu de signaler que les habitants juifs de la ville, et ils étaient nombreux, ont joué un rôle dans la préservation du patrimoine commun : coutumes, vêtements, art culinaire et vie artistique », en renouant avec le passé juif de l'Algérie, ont touché le cœur de cette communauté [3]. Un an plus tard cependant, l'amertume est revenue avec l'annulation de la tournée du chanteur originaire de Constantine, Enrico Macias. Ce dernier écrivit alors : « Je me suis senti trahi, blessé et humilié. Parce qu'on a joué avec mon rêve et le rêve d'autres exilés qui espéraient ce retour comme la fin d'un tabou et une libération [4]. »

---

[1]. Né à Oran en 1899, il écoute dans son enfance la musique de l'orchestre de Larbi Ben Sari, grand maître de Tlemcen, l'un des bastions d'*el andalous*; Blond-Blond est décédé en août 1999 et a été enterré dans le carré juif du cimetière de Marseille.

[2]. Reinette l'Oranaise s'appelait Sultana Daoud, née à Tiaret vers 1910. Elle fut l'élève de Saoud Medioni, chanteur et violoniste, maître incontesté du *haouzi*. Dans les années 1950, elle devient célèbre en donnant des concerts diffusés par Radio Alger en compagnie du pianiste Mustapha Skandrani, et de l'orchestre de Mohamed El Anka. Elle est décédée le 17 novembre 1998 dans la région parisienne.

[3]. Voir le beau texte de Jean-Luc Allouche, « L'espoir de Rabat à Constantine », *Libération*, 29 juillet 1999 : « Cette Algérie que nous n'avons jamais cessé d'aimer, lors même qu'elle voulait nous nier, voilà que nous trouvons de nouvelles raisons de ne pas la rayer de nos vies. »

[4]. Témoignage reproduit dans le quotidien algérien *Le Matin*, 22 octobre 2001.

Un demi-siècle après l'indépendance de l'Algérie, les acteurs juifs et musulmans de cette histoire s'aperçoivent que le passé peut être à jamais emporté par le vent de l'histoire. Les mémoires ancestrales se découvrent mortelles, périssables et, par là même, plus à vif que jamais : délabrées, agressives, nues, cruelles souvent. Ouvertes aussi parfois. On l'a bien vu en mai 2005, quand de petits groupes, quelques dizaines de juifs à peine, sont revenus à Tlemcen ou à Alger. Deux mois auparavant, en mars, 2 000 juifs de Constantine s'étaient réunis à Jérusalem pour célébrer le souvenir de ce passé qui les liaient à cette ville étrange, surprenante, magnifique, à leur « Rocher » majestueux entouré de gorges vertigineuses. Ces retours et rassemblements ont provoqué un vif débat en Algérie. Certains journaux arabophones se sont lancés dans de violentes diatribes contre « ces juifs qui avaient préféré prendre le parti de la France et des pieds-noirs ». Le journal *El Bilad* (proche du mouvement politique Hamas) titrait « Des politiques et des intellectuels dénoncent cette visite ». Le journal du FLN, *Sawt al-Ahrar*, était dans le même esprit. Le 24 mai, sous le titre « Une sérénité déplacée », on pouvait lire : « La débauche de louanges gratuites envers les juifs à laquelle les officiels et les médias se sont livrés a été de nature à encourager les intéressés à demander des indemnisations. Si nous continuons à gérer ce dossier avec la même désinvolture, la fin de l'histoire pourrait être bien pire que ce que nous prévoyons. Les Algériens doivent se rappeler que les juifs qui ont vécu ici ont été favorables à la colonisation et qu'ils ont été impliqués dans les crimes perpétrés contre les Algériens. Ils demandent en outre une indemnisation. Cela suffit à prendre l'affaire avec le plus grand sérieux et à se préparer aux pires éventualités. » Évidemment (faut-il le préciser?) les juifs d'Algérie, français depuis 1870, se sont toujours, comme les autres «pieds-noirs», adressés à l'État français pour l'indemnisation de leurs biens laissés en Algérie... L'État algérien n'a donc jamais été saisi d'une telle demande et n'a jamais formulé aucune réponse à une situation imaginaire[1].

Heureusement, cette campagne n'eut pas toujours les résultats escomptés. D'autres journaux algériens ont, au contraire, tenté d'ouvrir le dossier de cette mémoire compliquée et douloureuse des juifs d'Algérie qui ont longtemps appartenu à cette terre algérienne avant de s'en séparer. Dans le quotidien *La Tribune* du 24 mai 2005, sous le titre «Les juifs de Tlemcen sur les traces de leurs aïeux», le rédacteur annonçait : «Jeudi prochain, jour de pèlerinage, sera marqué par la présence de l'ambassadeur de France et fort probablement par celle du ministre des Affaires étrangères. Par ailleurs, une autre délégation de pieds-noirs français est en visite dans cette ville.» De son côté, *Le Quotidien d'Oran*, titrait sur «Les juifs d'Algérie et la réconciliation nationale». On pouvait y lire : «Le seuil psychologique d'une "réconciliation" entre musulmans et juifs algériens est dorénavant possible. 130 pieds-noirs de confession juive sont à Tlemcen. Un retour, des souvenirs et beaucoup d'émotion.» Et le

---

1. Dans le quotidien *Le Monde*, en date du 29 juin 2005, sous le titre «Une rumeur infondée déclenche une campagne antisémite en Algérie», on peut lire que «du côté des autorités algériennes on dément formellement que les juifs d'Algérie aient présenté la moindre demande de réparation. Une telle requête n'aurait d'ailleurs aucun sens, indique-t-on à la présidence de la République algérienne.»

25 mai 2005, la presse rendait compte de l'accueil réservé par la population de Tlemcen à ce petit groupe de juifs en visite. *Le Jeune Indépendant* parlait de « réconciliation » et rapportait : « Des pieds-noirs juifs à Tlemcen sous le regard bienveillant des habitants. La bienveillance des habitants a même incité certains à fausser compagnie à des autorités sur le qui-vive. L'accueil chaleureux a surpris les pèlerins. » Le journal arabophone *An Nasr* relatait de même : « La délégation est surprise par la chaleur de l'accueil qui lui a été réservé... Toutes les portes leur ont été ouvertes conformément à cette bienveillance traditionnelle des musulmans à l'égard de leurs voisins que les membres de la délégation connaissaient d'ailleurs très bien par expérience. » Cette volonté de présenter l'image de l'harmonie peut paraître étonnante dans un contexte où des campagnes médiatiques, des deux côtés de la Méditerranée, s'efforcent d'opposer les deux groupes. En fait, derrière ces polémiques journalistiques en Algérie, se devine le besoin de situer cette part juive de l'histoire du pays, si longtemps refoulée. La séparation entre les deux communautés au temps colonial a laissé des traces, des rancœurs. Mais avec le temps, les souvenirs du « vivre ensemble » refont surface. Reviennent dans les mémoires la vulnérabilité et la misère sociale des deux communautés, la fragilité de leur condition juridique et le racisme véhiculé par les Européens à l'égard des « indigènes », les habitudes culinaires rythmées par les pratiques religieuses, l'attachement à la famille comme espace privé à protéger de l'intrusion des « étrangers », la cohabitation entre « voisins ». Rapportés par la presse, les souvenirs soulignent les

affinités culturelles et linguistiques comme ciment d'une communauté plurireligieuse (mêmes croyances populaires, même code dans l'espace domestique, même musique, mêmes types de célébrations de saints dans l'espace religieux), la proximité relationnelle entre les deux groupes étant essentiellement motivée par l'accomplissement des tâches domestiques les plus concrètes de la vie quotidienne et rituelle.

Pour les juifs d'Algérie, cinquante ans après, se lisent aussi les désirs de retrouver une filiation avec une longue histoire. Les enfants ou petits-enfants issus de cette « immigration » particulière sentent bien qu'ils n'appartiennent pas à l'univers des « pieds-noirs ». Il leur arrive de ressentir cette proximité de leurs parents avec le Sud à travers les échanges qui se nouent avec les enfants de l'immigration algérienne en France. Rites culinaires, restes de langue arabe, fragments d'histoires communes avec l'Orient rapportées dans le cercle intime de la famille : il y a là des fils narratifs et sensibles qui les ramènent vers un lieu devenu imaginaire. Distendus au cours du temps, ces fils ne se sont jamais complètement rompus.

En même temps, une grande ambivalence demeure à l'égard du monde arabe, un mélange de proximité forgée par l'Histoire et de distance creusée par le fameux décret Crémieux qui a séparé les « indigènes » et renversé les hiérarchies, distinguant les uns des autres jusqu'à les opposer. D'autant que, progressivement, la connaissance familière de l'univers musulman s'est affaiblie génération après génération, tandis que s'est répandue une crainte diffuse de l'islam, propagée au temps colonial par le monde des Européens.

Dans les années 1990, la montée en puissance de l'islamisme radical, notamment en Algérie, le non-règlement du conflit israélo-palestinien, le choc du 11 Septembre, les intifadas palestiniennes ont renforcé cette crainte et ravivé les blessures liées, en particulier, à la période de la guerre d'indépendance algérienne. Dans les souvenirs, les familiarités et ententes d'autrefois s'effacent, ce sont les différends et les différences que l'on souligne plus volontiers.

Les actes antisémites dans les banlieues ont réactivé à la fois le sentiment de menace venu de l'Autre, différent, et le sentiment de solitude dans une société française ressentie comme indifférente ou minorant les faits dont les juifs sont victimes. Dans ce contexte, la « question juive » a fait un retour remarqué, notamment au moment du meurtre atroce du jeune Ilan Halimi, en février 2006. Des manifestations de protestation se sont alors succédé à Paris et en province, où le gros des cortèges était composé de membres de la communauté. Certains observateurs ont parlé de « dérives identitaires » annonçant « la fin d'un modèle républicain français ». D'autres ont su deviner, dans ce processus, face à la montée de l'antisémitisme, le réflexe d'autoprotection d'une communauté se sentant de plus en plus isolée et cherchant à se rassembler dans l'adversité.

À travers les crispations et les incompréhensions, l'exacerbation des peurs et des antagonismes, les préjugés et les indifférences, le passé rejaillit dans le présent. La mémoire revient, brusquement, et souvent de bien mauvaise manière. C'est pourquoi j'ai voulu montrer les connivences plurireligieuses, les espaces communs, l'entente comme les séparations entre les communautés, et aussi l'engagement très à gauche (à la SFIO surtout, et au Parti communiste) de l'immense majorité des juifs avant la guerre d'Algérie. Sous une histoire qui, trop souvent, s'écrit par la fin, à travers les déchirements cruels de la guerre des années 1950, il me fallait retrouver les fils perdus d'une destinée juive complexe, mélange d'assimilation républicaine réussie et d'appréhension par rapport à une perte des origines.

J'ai ainsi compris pourquoi, par leur posture singulière, les juifs d'Algérie se vivent aujourd'hui à la fois dans et hors de la société française, toujours sur le départ, fragilisés, jamais vraiment assurés de leur identité «nationale». En voulant se donner la possibilité d'une autre vie, après 1870, 1940 ou après 1962, ces exilés se sont trouvés confrontés à des formes douloureuses d'altérité, chaque fois ils ont été contraints de se redéfinir, de trouver de nouveaux repères. Cette «précarité» récurrente explique peut-être le désir de certains, aujourd'hui, de partir pour Israël, désir qui ne s'était pas manifesté après 1962. J'ai compris aussi comment une singularité forgée par l'Histoire donne une autre impulsion au juif de l'exil, amputé de sa langue, installé dans une instabilité identitaire, ayant quitté sa terre, mais conservant l'espoir d'en trouver une autre. Dans ce travail d'historien, j'ai entendu soudain l'écho d'un vieil amour à l'égard de l'Algérie, enfoui, endormi sous la volonté de tourner la page, d'oublier cette origine et de s'en fabriquer d'autres.

Bref, cet héritage historique des trois exils a réveillé en moi une mémoire longue de l'inquiétude. Et la certitude obstinée qu'il est possible d'être à la fois juif et français, républicain et comprenant les rites religieux, tourné vers l'Occident et marqué à jamais par l'Orient, par l'Algérie.

Annexes

Les décrets

Sénatus-consulte du 14 juillet 1865 sur l'État des personnes et la Naturalisation en Algérie

Article 1er. – L'indigène musulman est français; néanmoins, il continuera à être régi par la loi musulmane. Il peut être admis à servir dans les armées de terre et de mer. Il peut être appelé à des fonctions et emplois civils en Algérie. Il peut sur sa demande, être admis à jouir des droits de citoyen français, dans ce cas, il est régi par les lois civiles et politiques de la France.
Article 2. – L'indigène israélite est français; néanmoins, il continue à être régi par son statut personnel. Il peut être admis à servir dans les armées de terre et de mer. Il peut être appelé à des fonctions et emplois civils en Algérie. Il peut sur sa demande, être admis à jouir des droits de citoyen français; dans ce cas, il est régi par la loi française.
Article 3. – L'étranger qui justifie de trois années de résidence en Algérie peut être admis à jouir de tous les droits de citoyen français.
Article 4. – La qualité de citoyen français ne peut être obtenue conformément aux articles 1, 2 et 3 du présent sénatus-consulte qu'à l'âge de vingt et un ans

accomplis, elle est conférée par décret impérial rendu en Conseil d'État.

Article 5. — Un règlement d'administration publique déterminera, 1° Les conditions d'admission de service et d'avancement des indigènes musulmans et des indigènes israélites dans les armées de terre et de mer ; — 2° Les fonctions et emplois civils auxquels les indigènes musulmans et les indigènes israélites peuvent être nommés en Algérie ; — 3° Les formes dans lesquelles seront instruites les demandes prévues par les articles 1, 2 et 3 du présent sénatus-consulte.

Décret du 7 octobre 1871
(applications du décret Crémieux)

Art. 1er. — Provisoirement, et jusqu'à ce qu'il ait été statué par l'Assemblée Nationale sur le maintien ou l'abrogation du décret du 24 octobre 1870, seront considérés comme indigènes et à ce titre demeureront inscrits sur les listes électorales s'ils remplissent d'ailleurs les autres conditions de capacité civile, les Israélites nés en Algérie avant l'occupation française ou nés depuis cette époque de parents établis en Algérie à l'époque où elle s'est produite.

Art. 2. — En conséquence, tout Israélite qui voudra être inscrit ou maintenu sur les listes électorales sera dans les vingt jours de la promulgation du présent décret, tenu de justifier qu'il est dans l'une des conditions déterminées par l'article 1.

Art. 3. — Cette justification se fera devant le juge de paix du domicile de l'Israélite. Elle aura lieu soit par la production d'un acte de naissance, soit par la déclaration écrite ou le témoignage verbal de sept personnes demeurant en Algérie depuis dix ans au moins, soit par toute autre preuve que le juge de paix admettra comme concluante.

La décision du juge de paix vaudra titre à l'Israélite; il lui en sera immédiatement délivré une copie sans frais. Au préalable, et comme condition de la délivrance de ce titre, l'Israélite, s'il n'a pas de nom de famille et de prénoms fixes, sera tenu d'en adopter et d'en faire la déclaration devant le juge de paix.

Pour chaque décision ainsi délivrée, il sera dressé, en la forme des casiers judiciaires, un bulletin qui sera remis à la mairie du domicile de l'indigène pour servir soit à la confection des listes électorales, soit à celle d'un registre de notoriété.

Art. 4. – L'Israélite dont la réclamation ne sera pas admise par le juge de paix pourra dans les 3 jours qui suivront la prononciation de la décision, se pourvoir par simple requête adressée au président du tribunal de l'arrondissement, au pied de laquelle le président indiquera une audience à 3 jours de date au plus. Le Tribunal, après avoir entendu l'Israélite ou son défenseur et le ministère public, statuera en dernier ressort. Le pourvoi en cassation ne sera pas suspensif.

Art. 5. – À défaut d'avoir rempli les formalités et satisfait aux conditions exigées par les articles qui précèdent, tout Israélite actuellement inscrit sur les listes électorales en sera rayé et ne pourra y être rétabli que lors d'une prochaine révision.

Art. 6. – Tous les actes judiciaires faits en vertu du présent décret, et pour son exécution, seront dispensés des droits de timbre et d'enregistrement.

Art. 7. – La convocation des collèges électoraux n'aura lieu qu'un mois au moins après la promulgation du présent décret.

Lois, décrets et statut des juifs d'Algérie décidés par le gouvernement de Vichy. Octobre, novembre 1940.

Les Juifs de France sont soumis à un statut spécial applicable à l'Algérie.
Nous, Maréchal de France, Chef de l'État français,
Le Conseil des Ministres entendu,

Décrétons :

Article 1er
Est regardée comme juive pour l'application de la présente loi, toute personne issue de trois grands-parents de race juive ou de deux grands-parents de même race si le conjoint lui-même est juif.

Article 2
L'accès et l'exercice de fonctions publiques et des mandats énumérés ci-après sont interdits aux juifs.
1° Chef de l'État, membres du gouvernement, conseil d'État, conseil de l'ordre national de la Légion d'Honneur, cour de cassation, cour des comptes, corps des mines, corps des ponts et chaussées, inspection générale des finances, cour d'appel, tribunal de première instance, justice de paix, toutes juridictions d'ordre professionnel et toutes assemblées issues de l'élection.
2° Agents relevant du département des affaires étrangères, secrétaires généraux des départements ministériels, directeurs généraux, directeurs des administrations centrales, des ministères, préfets, sous-préfets, secrétaires généraux de préfecture, inspecteurs généraux des services administratifs au ministère de l'Intérieur, fonctionnaires de tout grade attachés à tout service de police.
3° Résidents, gouverneurs et secrétaires généraux des colonies, inspecteurs des colonies.

4° Membres du corps enseignant.
5° Officiers des armées de terre, de mer et de l'air.
6° Administrateurs, directeurs, secrétaires généraux dans les entreprises bénéficiaires de concessions ou de subventions accordées par une collectivité publique, postes à la nomination du Gouvernement dans les entreprises d'intérêt général.

Article 3
L'accès et l'exercice de toutes les fonctions publiques autres que celles énumérées à l'article 2 ne sont ouvertes aux Juifs que s'ils peuvent exciper d'une des conditions suivantes :
A) Être titulaires de la carte de combattant 1914-1918, ou avoir été cités au cours de la campagne 1914-1918 ;
B) Avoir été cités à l'ordre du jour au cours de la campagne 1939-40 ; Être décorés de la Légion d'Honneur à titre militaire ou de la Médaille Militaire.

Article 4
L'accès et l'exercice des professions libérales, des professions libres et des fonctions dévolues aux officiers ministériels et tous auxiliaires de la justice sont permises aux juifs à moins que les règlements d'administration publique aient fixé pour eux une proportion déterminée. Dans ce cas, les mêmes règlements détermineront les conditions dans lesquelles aura lieu l'élimination des juifs en surnombre.

Article 5
Les Juifs ne pourront, sans condition ni réserve, exercer une quelconque des professions suivantes :
Directeurs, gérants, rédacteurs de journaux, revues, agences ou périodiques à l'exception des publications de caractère strictement scientifique. Directeurs, administrateurs, gérants des entreprises ayant objet la fabrication des films cinématographiques, metteurs en scène et directeurs de prises de vues, compositeurs

de scénarios, directeurs, administrateurs et gérants de salles de théâtre ou de cinéma, entrepreneurs de spectacles, directeurs, administrateurs, gérants de toutes entreprises se rapportant à la radiodiffusion.

Les règlements de l'Administration publique fixeront pour chaque catégorie, les conditions dans lesquelles les autorités publiques pourront s'assurer du respect par les intéressés des interdictions prononcées au présent article, ainsi que des sanctions attachées à ces interdictions.

Article 6
En aucun cas, les juifs ne peuvent faire partie d'organismes chargés de représenter les professions visées aux articles 4 et 5 de la présente loi ou d'en assurer la discipline.

Article 7
Les fonctionnaires visés aux articles 2 et 3 cesseront d'exercer leurs fonctions dans les deux mois qui suivront la promulgation de la présente loi. Ils seront admis à faire valoir leurs droits à la retraite s'ils remplissent les conditions de durée de service, à la retraite proportionnelle s'ils ont au moins quinze ans de service.
Ceux ne pouvant exciper d'aucune de ces conditions recevront leur traitement pendant une durée qui sera fixée pour chaque catégorie par un règlement d'administration publique.

Article 8
Par décrets individuels pris en conseil d'État et dûment motivés, les juifs qui, dans les domaines littéraire, scientifique, artistique ont rendu des services exceptionnels à l'État pourront être relevés des interdictions prévues par la présente loi.
Ces décrets et les motifs qui les justifient seront publiés au «Journal Officiel».

Article 9
La présente loi est applicable à l'Algérie, aux colonies et protectorats et territoires sous mandat.

Article 10
Le présent acte sera publié au «Journal Officiel» et exécuté comme loi de l'État.
Fait à Vichy, le 3 octobre 1940.
Ph. Pétain, Par le Maréchal de France, Chef de l'État français.
Le vice-président du Conseil, Pierre Laval.
Le Garde des Sceaux, Ministre Secrétaire d'État à la Justice, Raphaël Alibert.
Le Ministre Secrétaire d'État à l'Intérieur, Peyrouton.
Le Ministre Secrétaire d'État aux Affaires étrangères, Paul Baudoin.
Le Ministre Secrétaire d'État à la Guerre, Général Huntziger.
Le Ministre Secrétaire d'État aux Finances, Yves Bouthillier.
Le Ministre Secrétaire d'État à la Marine, Amiral Darlan
Le Ministre Secrétaire d'État à la Production Industrielle et au Travail, René Belin
Le Ministre Secrétaire d'État à l'Agriculture et au Ravitaillement, Pierre Caziot.

Mesures applicables aux juifs indigènes algériens.
Loi portant abrogation du décret Crémieux

Le décret du 24 octobre 1870 est abrogé en ce qu'il règle les droits politiques des juifs indigènes des départements de l'Algérie et les déclare citoyens français.

Art. 2. – Les droits politiques des Juifs indigènes des départements de l'Algérie sont réglés par les textes qui fixent les droits politiques des indigènes musulmans algériens.

Art. 3. – En ce qui concerne leurs droits civils, le statut réel et le statut personnel des Juifs indigènes des départements de l'Algérie restent réglés par la loi française.

Art. 4. – Les Juifs indigènes des départements de l'Algérie qui ayant appartenu à une unité combattante pendant les guerres de 1914-1918 et 1939-1940 auront obtenu la Légion d'Honneur à titre militaire, la Médaille Militaire ou la Croix de Guerre, conserveront le statut politique des citoyens français.

Art. 5. – Ce statut pourra être conservé par décret contresigné par le Garde des Sceaux, Ministre Secrétaire d'État à la Justice, et par le Ministre Secrétaire d'État à l'Intérieur, aux Juifs indigènes des départements de l'Algérie qui se seront distingués par des services rendus au pays.

Art. 6. – La présente loi est applicable à tous les bénéficiaires du décret du 24 octobre 1870 et à leurs descendants.

Art. 7. – Le présent décret sera publié au «Journal Officiel» et exécuté comme loi de l'État.

Fait à Vichy, le 7 Octobre 1940.
Par le Maréchal de France, Chef de l'État français, Ph. Pétain.
Le Garde des Sceaux, Ministre Secrétaire d'État à la Justice, Raphaël Alibert.
Le Ministre Secrétaire d'État à l'Intérieur, Peyrouton.

Loi portant suspension de la procédure instituée par les articles 3 à 11 du 4 février 1919 en ce qui concerne les Israélites indigènes de l'Algérie.

Nous, Maréchal de France, Chef de l'État français,
Le Conseil des Ministres entendu,

Décrétons :

Article 1er. – Est suspendue, en ce qui concerne les Israélites indigènes des départements de l'Algérie, la procédure instituée par les articles 3 à 11 de la loi du 4 février 1919 [1] sur l'accession des indigènes de l'Algérie aux droits politiques.
Art. 2. – Le présent décret sera inséré au «Journal Officiel» et exécuté comme loi de l'État.

Fait à Vichy, le 11 Octobre 1940.
Par le Maréchal de France, Ph. Pétain.
Le Ministre Secrétaire d'État à l'Intérieur, Peyrouton.
Le Garde des Sceaux, Ministre Secrétaire d'État à la Justice, Raphaël Alibert.

Statut des juifs d'Algérie

Nous, Maréchal de France, Chef de l'État français, Vu la loi du 7 octobre 1940 portant abrogation du décret du Gouvernement de la Défense Nationale du 24 octobre 1870 et fixant le statut des Juifs indigènes de l'Algérie ;

---

[1] La loi du 4 février 1919 est relative à l'accession des indigènes de l'Algérie aux droits politiques. Les articles 3 à 11 règlent la procédure d'accession (demande devant le juge de paix ; enquête, etc.).

Sur le rapport du Garde des Sceaux, Ministre Secrétaire d'État à la Justice, et du Ministre Secrétaire d'État à l'Intérieur,

Décrétons :

Article 1ᵉʳ. – Les Juifs indigènes de l'Algérie ne pourront conserver le statut politique des citoyens français que s'ils justifient, dans le délai d'un mois, à compter de la promulgation du présent décret, qu'ils remplissent l'une des conditions exigées par l'article 4 de la loi du 7 octobre 1940.

Ce délai courra, en ce qui concerne les mobilisés et les prisonniers, à compter du jour de leur démobilisation.

Art. 2. – Cette justification se fera devant le Juge de paix du domicile de l'intéressé ; ce dernier devra, à cet effet, produire toutes pièces authentiques établissant son droit à bénéficier de la dérogation prévue par l'article 4 de la loi du 7 octobre 1940.

La décision du Juge de paix devra intervenir dans les vingt jours ; elle vaudra titre au demandeur, à qui il en sera immédiatement délivré une copie sans frais.

Une autre copie sera adressée à la mairie du domicile de l'intéressé pour servir notamment à la révision des listes électorales.

Art. 3. – Le demandeur dont la réclamation ne sera pas admise par le Juge de paix pourra, dans les trois jours qui suivront la prononciation de la décision, se pourvoir par simple requête adressée au président du tribunal de l'arrondissement au pied de laquelle le président indiquera une audience à trois jours de date au plus.

Le Président, après avoir entendu l'intéressé ou son défenseur, statuera en dernier ressort dans les dix jours. Le pourvoi en cassation ne sera pas suspensif.

Art. 4. – Tous les Juifs qui n'auront pas rempli les formalités prévues à l'article précédent se trouveront déchus du droit d'invoquer le bénéfice de l'article 4 de la loi du 7 octobre 1940 et seront rayés des listes électorales.

Art. 5. – Les Juifs originaires de l'Algérie qui désireront bénéficier des dispositions de l'article 5 de la loi du 7 octobre 1940 en adresseront la demande sur papier timbré au préfet du département de leur résidence.

Ils y joindront une expédition de leur acte de mariage sur papier timbré, ainsi que toutes pièces qu'ils croiraient devoir produire à l'appui de leur requête.

Art. 6. – Après enquête administrative, le Préfet communiquera, pour avis, le dossier au Procureur de la République du domicile du demandeur. Le Procureur de la République joindra au dossier un extrait du casier judiciaire (bulletin n° 2) et renverra le dossier au Préfet; celui-ci transmettra le dossier avec sa proposition au Gouverneur Général de l'Algérie qui, dans un rapport motivé, en saisira le Ministre Secrétaire d'État à l'Intérieur.

Art. 7. – Il est institué, au Ministère de l'Intérieur, une commission présidée par un membre du Conseil d'État assisté d'un magistrat désigné par le Garde des Sceaux, Ministre Secrétaire d'État à la Justice, et d'un fonctionnaire désigné par le Ministre Secrétaire d'État à l'Intérieur. Cette commission est chargée de l'examen des dossiers et de la préparation du décret.

Art. 8. – Le Garde des Sceaux, Ministre Secrétaire d'État à la Justice, et le Ministre Secrétaire d'État à l'Intérieur sont chargés, chacun en ce qui le concerne, de l'exécution du présent décret, qui sera publié au «Journal Officiel» et inséré au «Journal Officiel» de l'Algérie.

Fait à Vichy, le 20 novembre 1940.

*Réactions des responsables
de la communauté juive d'Algérie*

À Monsieur le Maréchal Pétain, Chef de l'État Français

À l'heure où tant des nôtres pleurent leurs morts ou demeurent dans l'angoissante attente des nouvelles de leurs disparus, nous apprenons avec un douloureux étonnement la suppression de nos droits civiques.
Après plus d'un siècle d'assimilation sociale, loyalement intégrés dans la communauté française, citoyens depuis soixante-dix ans, nous avons conscience d'avoir accompli en toutes circonstances et sans réserve tous nos devoirs.
Nous voici, aujourd'hui, l'objet d'une pénible discrimination. Contre cette mesure imméritée qui nous frappe, aggravant pour nous le malheur présent de la Patrie, nous élevons, au nom de nos morts et de nos blessés glorieux, au nom de nos prisonniers qui souffrent, au nom de nous tous qui aimons la France, une solennelle protestation.
Jusqu'ici citoyens français, nous demeurons intégralement Français de cœur.
Vive la France !
Vive l'Algérie Française !

Les Présidents des Consistoires Israélites
d'Alger, Oran, Constantine.
Les Grands Rabbins d'Alger, Oran, Constantine.

*Mémoire
À Monsieur le Maréchal Pétain
Chef de l'État Français*

L'abrogation du décret Crémieux, en ce qu'il règle les droits politiques des juifs indigènes des Départements de l'Algérie et les déclare citoyens français, a retenti douloureusement dans les cœurs de tous les Israélites algériens. [...] En 1914-1918 à l'appel de la Patrie, les juifs d'Algérie ont combattu avec vaillance pour la défense du pays comme le prouve le nombre de leurs morts, de leurs blessés, de leurs cités et décorés, le nombre important d'ascendants et veuves de la guerre et des pupilles de la nation. Il n'est pas une seule famille que les deux guerres n'aient touchée.

Après des preuves si nombreuses et si fortes de leur attachement à la France, après 70 ans d'exercice des droits de citoyen, après deux guerres, ce décret vient d'être abrogé.

Le décret d'abrogation prévoit toutefois dans ses articles 4 et 5, deux ordres d'exception :

1) En faveur des juifs indigènes algériens qui ayant appartenu à une unité combattante pendant les guerres 1914-1918 et 1939-1940, auront obtenu la Légion d'Honneur à titre militaire, la Médaille Militaire ou la Croix de Guerre, lesquels conserveront le statut politique des citoyens français. (Article 4).

2) En faveur de ceux qui se seront distingués par des services rendus au pays auxquels le même statut politique de citoyen français pourra être conservé. (Article 5).

Tout en rendant hommage aux sentiments qui ont dicté ces deux ordres d'exception, nous ne saurions ne pas exprimer notre douleur de voir établir de telles distinctions entre des citoyens de même origine qui sont animés des mêmes sentiments français et qui, forts de ces sentiments, ont consenti ensemble les mêmes sacrifices à la Patrie, les uns, obscurément, les autres avec éclat.

Sans vouloir par ce qui suit donner l'impression de rechercher de nouvelles catégories d'exception, il est de notre devoir cependant de constater que le décret d'abrogation laisse de côté les veuves et ascendants des morts au Champ d'Honneur et les pupilles de la Nation, qui ont, cependant, droit à la reconnaissance de la Patrie.

Les exceptions prévues aboutissent également à diviser les familles, à distinguer un frère d'un autre frère, un fils d'un père, alors qu'ils ont reçu la même éducation morale et que la vaillance de l'un est le produit même de cette éducation commune. Cette division d'une même famille ne va-t-elle pas également à l'encontre de la politique qui tend à consolider la famille et à développer les sentiments familiaux ?

La déchéance des droits politiques qui vient d'être édictée par le décret d'abrogation du 7 octobre 1940 est également pénible en ce que le retrait de tels droits, après soixante-dix ans d'exercice, évoque les justes rigueurs du Code pénal français à l'égard des condamnés de droit commun, à des peines infamantes, lesquelles entraînent précisément la privation des droits politiques. Tout autre aurait été la situation si les Israélites algériens n'avaient jamais exercé ces droits.

Ce décret d'abrogation intervient alors qu'il y a quelques jours seulement, reconnaissant la situation spéciale de l'Algérie qui est, pour reprendre le terme consacré par les historiens et l'opinion générale, un grand carrefour de races, le gouvernement s'est vu dans la nécessité de ne pas lui appliquer la législation métropolitaine sur les fils d'étrangers. En sorte qu'en Algérie, un Français citoyen depuis soixante-dix ans, qui a vécu les mêmes joies et les mêmes angoisses que ses concitoyens, qui a participé à deux guerres, se voit rejeté de la citoyenneté française, alors que le fils d'étranger est maintenu dans ses droits ; bien plus, le naturalisé qui n'a pas participé à ces deux guerres reste citoyen français. Ces simples constatations faites sans aucun sentiment d'hostilité vis-à-vis des catégories indiquées.

Nous aurions d'autres arguments à produire et des réfutations à opposer aux commentaires de la presse concernant notamment la prétendue influence du décret Crémieux sur les problèmes musulmans. Mais l'objet de notre mémoire est tout autre. Il n'entend nullement répondre à des questions aussi délicates qui ont été soulevées publiquement. Nos cœurs de Français et de Patriotes nous commandent le silence. Mais nous aurions été indignes de cette qualité de citoyens français qui nous a été retirée, alors que nous sommes encore en état d'armistice et sans qu'aient été entendus les intéressés dont un grand nombre sont actuellement prisonniers ou portés disparus, si nous n'élevions une légitime protestation.

Nous n'entendons nullement par cette protestation créer une difficulté d'ordre quelconque au Gouvernement Français. Une grande partie de la France est occupée. Notre devoir est de ne rien dire et de ne rien faire qui puisse ajouter aux difficultés actuelles.

L'exercice des droits de citoyen comporte non seulement des droits, mais aussi des devoirs. Si le décret d'abrogation du 7 octobre 1940 nous retire nos droits, nous conservons nos devoirs. Nous les accomplirons. Tous, comme par le passé, en tout désintéressement, animés du seul souci de la Grandeur de la France.

Vive la France !
Vive l'Algérie Française !
Les Grands Rabbins et les Présidents des Consistoires d'Alger, d'Oran, de Constantine.

*Le rétablissement du décret Crémieux.
L'abolition du statut des juifs*[1]

Le Comité français de la Libération nationale,
Sur le rapport du Commissaire aux Finances, du Commissaire au Travail et à la Prévoyance sociale, du

---

1. Ordonnance du 22 octobre 1943, relative aux conditions de réintégration des agents et employés des services concédés ou subventionnés, évincés en raison de leur qualité de juif, de leur appartenance aux sociétés secrètes, ou atteints par la loi du 17 juillet 1940, ou les textes subséquents.

Commissaire aux Communications et à la Marine marchande et du Commissaire à l'Intérieur ;
Vu les actes de l'autorité de fait se disant Gouvernement de l'État français, en date des 3 octobre 1940 et 2 juin 1941 portant statut des juifs, des 13 août 1940 et 11 août 1941 sur les sociétés secrètes, des 17 juillet et 30 août et 5 septembre 1940 concernant la relève de fonctions ;
Vu l'ordonnance du Commandant en Chef français, civil et militaire du 14 mars 1943 portant validation provisoire des règles générales appliquées postérieurement au 22 juin 1940 dans les territoires relevant du Commandement en Chef ;
Ensemble les ordonnances du Commandant en Chef français, civil et militaire des 14 mars 1943 et du 18 avril 1943 portant abrogation des mesures prises à l'encontre des juifs, des membres des associations secrètes ainsi que des magistrats, des fonctionnaires civils et militaires, des employés et agents des services concédés ou des entreprises subventionnées relevés de leurs fonctions ;
Vu l'ordonnance du 14 juillet 1943, modifiée par l'ordonnance du 5 août 1943 concernant la réintégration des magistrats, fonctionnaires et agents civils et militaires révoqués, mis à la retraite d'office, licenciés ou rétrogradés ;
Ordonne :
Article 1er. – La réintégration des administrateurs présidents-directeurs généraux, nommés par application des actes dits lois des 18 septembre et 16 novembre 1940, des administrateurs délégués dans les territoires où ces lois n'ont pas été promulguées, des directeurs, secrétaires généraux, agents et employés des entreprises bénéficiaires de concessions ou subventions accordées par une collectivité publique des territoires soumis à l'autorité du Comité français de la Libération nationale, ainsi que des titulaires de postes à la

nomination du Gouvernement dans les entreprises d'intérêt général des mêmes territoires, révoqués, licenciés, relevés de leurs fonctions ou démissionnaires par application des actes susvisés des 3 octobre 1940, 2 juin 1941, 13 août 1940, 11 août 1941, 17 juillet, 30 août et 5 septembre 1940, sera effectuée dans les conditions déterminées par l'ordonnance du 4 juillet 1943 compte tenu des dispositions ci-après.

Art. 2. – En ce qui concerne les administrateurs des entreprises visées à l'article précédent, une assemblée générale des actionnaires sera tenue, après l'accord des intéressés, et nonobstant toute disposition contraire des lois ou des statuts sociaux, d'admettre éventuellement en surnombre, puis de réserver les premières places vacantes au sein du conseil d'administration, à ceux des membres du conseil qui en auront été exclus en application des textes énumérés à l'article 1er.

Les conseils d'administration sont tenus, sous réserve de l'accord des intéressés, de rétablir dans leurs fonctions de présidents-directeurs généraux ou d'administrateurs délégués, les administrateurs se trouvant dans les conditions visées à l'article 1er ci-dessus. Au cas où l'assemblée générale ou le conseil d'administration ne pourraient être réunis, les intéressés seront nommés sans délai délégués provisoires dans les conditions prévues par l'ordonnance du Commandement en Chef français civil et militaire du 14 avril 1943 sur le régime de la délégation provisoire pour les entreprises privées de leurs dirigeants.

Art. 3. – La réintégration des autres catégories d'agents des entreprises susvisées sera prononcée, après l'accord des intéressés, par l'autorité de qui dépendait leur nomination.

Art. 4. – La non-réintégration dans un délai de trois mois à compter de l'entrée en vigueur de la présente ordonnance dans le territoire où résident les intéressés ouvre à ces derniers le droit à un recours devant la juridiction normalement compétente.

Le recours doit, à peine d'irrecevabilité, être formé dans un délai de trois mois à partir, soit de l'expiration du délai précédent, soit du refus écrit de l'entreprise de procéder à la réintégration.

Toutefois, ces deux délais sont fixés à six mois lorsque les intéressés résident dans les territoires relevant du Commissariat aux Colonies.

Art. 5. – Les dépenses résultant de l'application de la présente ordonnance sont à la charge des sociétés et entreprises en cause dans les conditions des contrats qui les lient aux autorités concédantes.

Art. 6. – La présente ordonnance sera publiée au Journal Officiel de la République Française et exécutée comme loi.

Alger, le 22 octobre 1943.

Signé : De Gaulle. Giraud.

Textes d'Élie Gozlan
sur les rapports judéo-musulmans
(1936, 1946)

« *Nos frères musulmans et nous. Israélites et musulmans* »
Bulletin de la Fédération des Sociétés juives d'Algérie,
n° 22, avril 1936.

« Si nous sommes sensibles aux marques d'intérêt et de sympathie que notre cas éveille chez les Français de la Métropole et chez ceux qui vivent à nos côtés, comment ne serions-nous pas heureux de celles qui nous sont données spontanément par nos frères israélites, que notre race a accueillis et qui, installés sur notre sol depuis tant de siècles, ont vécu de notre vie avant de s'adapter à la vie française ? Plus favorisés que nous depuis 1870, ils élèvent maintenant la voix en notre faveur, pour soutenir publiquement autant qu'ils peuvent le faire, nos légitimes revendications. Nous ne pouvons pas ne pas répondre, en toute loyauté, au geste fraternel de ces personnalités, en souhaitant que leur exemple fasse pour ainsi dire tache d'huile dans les milieux israélites devenus français.

« Ainsi, il ne pourrait plus être question d'antisémitisme, même local, sur cette belle terre d'Algérie, à laquelle nous sommes tous également attachés. C'est le vœu sincère du journal *La Défense* et, nous le pensons, de tous les bons et vrais musulmans, qui ne désirent ni la haine ni la guerre, mais la paix entre tous, dans la justice et dans l'égalité. » Journal *La Défense*.

Un principe d'égalité à respecter

Y a-t-il plusieurs catégories de citoyens français ? S'il faut en croire ce qu'écrit une certaine presse foncièrement haineuse et vénale, la chose ne fait pas de doute et il est de fait que des zones de démarcation nettes existent entre les citoyens français de pure origine et ceux d'adoption dans bien des domaines.

La Grande Guerre n'aurait rien effacé. Si elle revenait demain, je ne sais si la France appellerait d'abord les enfants nés de sa chair et de son sang et ensuite ceux qu'elle émancipa généreusement et qui se sacrifièrent pour sa défense. Nous avons toujours déclaré qu'à nos yeux, en raison même des principes qui veulent l'égalité de tous les citoyens devant la Loi, il n'y avait qu'une seule catégorie de citoyens français qui, accomplissant les mêmes devoirs, doivent jouir des mêmes droits.

Comment peut-on admettre que les citoyens français d'origine indigène soient dans l'obligation de présenter aux Pouvoirs Publics un cahier de revendications, leurs droits n'étant pas les mêmes que ceux de tous les Français ? La chose est inadmissible et nous devons souhaiter ardemment que nos frères musulmans ayant délibérément acquis la citoyenneté française soient placés sur un pied d'égalité absolue avec les autres citoyens en attendant que ce beau titre soit également attribué aux plus dignes, tout comme la plus belle des distinctions honorifiques.

« *Le problème judéo-musulman* »
Bulletin de la Fédération des Sociétés Juives d'Algérie,
Novembre 1946-Janvier 1947.

Le problème judéo-musulman demeure pour tous ceux qui sont épris de justice, de concorde et de paix, un souci constant, car sa solution est soumise à tant de considérations, à tant de facteurs et surtout à tant de préjugés qu'elle semble parfois irréalisable. Et pourtant, si l'on interroge l'histoire, on y puisera maints exemples, maintes preuves qu'une entente sincère a régné entre les peuples sémites, frères, et que, dans les États musulmans arrivés à un haut degré de civilisation, alors que le monde chrétien était encore plongé dans les ténèbres du Moyen Âge, les juifs trouvèrent asile, protection et liberté de travail et de pensée. La haine, la persécution n'ont cessé depuis deux mille ans de s'exercer envers une minorité ethnique, incapable de se défendre, à qui toute possibilité d'indépendance fut refusée et qui, victime de lois raciales, aussi injustes qu'inhumaines, se demande où et quand elle pourra enfin trouver un asile qui l'abritera et un foyer où s'exercera dans toute sa plénitude son génie particulier. Or, il parut que cet asile ne pouvait être donné au peuple juif que sur sa terre ancestrale « La Palestine » et l'on sait ce qu'il en a coûté d'efforts, de sang et d'or, pour hâter la réalisation de ce rêve millénaire d'Israël.

Hélas! Les difficultés rencontrées ont été formidables, quelques-unes ont été surmontées; les plus sérieuses, les fondamentales demeurent, puisque ce sont celles qui heurtent certains intérêts, et l'on a pu constater par exemple que la promesse formelle d'un éminent homme d'État anglais de reconstituer le Foyer National Juif n'a pu être réalisée. Demain, avec la Paix, interviendront de nouveaux arrangements, de nouvelles promesses, naîtront de nouveaux espoirs.

Résoudront-ils définitivement une question qui demeure pleine d'embûches et de difficultés ? C'est la raison pour laquelle bien des esprits pondérés, tolérants et sages, Musulmans et Israélites, liés d'une amitié loyale et franche, ont pensé qu'il fallait chercher la solution du problème dans une entente large et féconde des populations sémites sœurs qui faisant état d'un passé de saine compréhension mutuelle et de concorde, déjà unies par la même croyance, intangible et forte en l'unité divine, sauront vivre côte à côte, libres dans leur croyance, libres dans leurs pensées, dans leur travail et prêtes à réaliser les idées de fraternité prescrites par leurs livres saints. Et, tout naturellement, la Palestine ne devra pas être une cause de division entre juifs et musulmans, ce qui se produira si d'incessants apports exclusivement juifs se continuent en Palestine. Ils ne concerneront cependant que tous ceux que la persécution, la haine ou l'intolérance religieuse auront chassés de leur pays et qui pourront être admis dans un État de leur choix, où, devenant citoyens de cet État, ils rempliront toutes les obligations de cette citoyenneté et serviront le nouveau pays avec loyauté et dévouement.

Jérusalem, terre du Monothéisme, doit demeurer aux yeux des juifs, comme aux yeux des Chrétiens et des musulmans, la terre sacrée, le but d'un pieux pèlerinage tout comme La Mecque l'est pour tout Musulman, Rome pour tout Catholique, qu'ils soient citoyens d'Égypte, de Perse, d'Espagne ou d'ailleurs. Si nous devons déplorer l'incompréhension d'une telle entente qui aurait dû, depuis des siècles, être faite pour plus de fraternité sociale, il importe que des hommes de bonne volonté essaient de la réaliser enfin !

Musulmans et juifs sont faits, mieux que tous autres, pour faire régner sur cette terre la fraternité sociale. Ils ont donné maintes preuves de leur libéralisme :

leurs mœurs, leurs coutumes nées du respect de la loi divine et prescrites dans les Livres Sacrés ont déjà permis, en des temps plus cléments, la vie en commun, où les sentiments de la famille, de la justice et de la tolérance ont toujours dominé. Demain, de même que des musulmans, unis par la même foi religieuse, peuvent appartenir à des États différents, il y aura des juifs qui seront les citoyens fidèles des nations qui les auront accueillis ou d'un État palestinien d'où la haine raciale et la persécution religieuse auront été sévèrement bannis.

« Le lion et le moucheron »
Bulletin de la Fédération des Sociétés juives d'Algérie,
Juillet-Août-Septembre 1947.

Si les Nations ou les individus devaient succomber sous le poids du mépris qu'inspirent leurs actes, il y a bien longtemps que certain Grand État européen aurait disparu de la carte du monde et ses dirigeants emportés comme un fétu de paille. La Nation qui mérita un jour d'être qualifiée de « perfide » continue, au mépris de ses engagements et de ses devoirs de tutrice mandataire à ne faire que sa politique de division, de haine pour la sauvegarde de ses seuls intérêts impérialistes, grossièrement matérialistes. L'histoire abonde en preuves de la continuité de cette politique de farouche égoïsme, d'indifférence au sort des peuples soumis à son hégémonie.

Et pourtant, que ne doit-elle pas à ces peuples qui, refoulant leurs sentiments intimes, furent près d'elle dans les moments les plus tragiques de son histoire, comme elle doit d'ailleurs aux juifs qui l'ont servie, défendue, combattant à ses côtés durant les deux grandes guerres qui ont ensanglanté le monde.

En persécutant aujourd'hui ceux à qui son gouvernement responsable promit un Foyer National, elle a violé ses promesses, elle a manqué à ses devoirs d'humanité. Elle sait cependant qu'on ne peut braver indéfiniment la Morale, la Conscience Universelle. La France, qui vient de se montrer si généreuse, si hospitalière à l'égard des malheureuses victimes de l'Exodus 47, doit se souvenir que son existence fut endeuillée par la haine implacable dont cette même Nation l'a poursuivie à travers les siècles. La haine de la «Nation protectrice» s'est tournée aujourd'hui contre le malheureux «petit peuple sans terre» à qui elle avait solennellement promis cependant la réalisation de son idéal millénaire «Le retour à la Terre de ses ancêtres». Et cette Nation prétend s'inspirer des préceptes de la Bible! Le drame de l'Exodus 47 est un des plus tragiques qu'il ait été donné à des innocents de subir. Des femmes, des enfants, des vieillards entassés, maltraités qui, un instant, avaient espéré aborder Le Havre de salut, embrasser et mouiller de leurs larmes le sol sacré – ont été – tout comme si des SS hitlériens avaient soudain surgi devant eux, mitraillés, bombardés, asphyxiés, brutalisés pour être refoulés vers leur point de départ. Cette lâcheté, cette cruauté, cette inhumanité à l'égard d'êtres sans défense, marqueront d'une tache indélébile les fronts des dirigeants responsables.

Nous ne sommes nullement qualifiés pour lancer l'anathème, mais nous croyons en la justice immanente. Notre bon La Fontaine nous apprit qu'une lutte à mort fut un jour engagée entre l'invincible lion, roi des animaux et le chétif moucheron. La force brutale du premier fut vaincue par la résolution farouche, tenace, du plus faible des êtres.

Textes sur la guerre d'Algérie

Appel du FLN « à nos compatriotes israélites »

« Le Front de Libération Nationale qui dirige depuis deux ans la Révolution anti-colonialiste pour la libération nationale de l'Algérie estime que le moment est venu où chaque Algérien d'origine israélite, à la lumière de sa propre expérience doit, sans aucune équivoque, prendre parti dans cette grande bataille historique. Le FLN, représentant authentique et exclusif du peuple algérien[1], considère qu'il est aujourd'hui de son devoir de s'adresser directement à la communauté israélite pour lui demander d'affirmer d'une façon solennelle son appartenance à la nation algérienne. Ce choix clairement affirmé dissipera tous les malentendus et extirpera les germes de haine entretenus par le colonialisme français. Il contribuera en outre à recréer la fraternité algérienne, brisée par l'avènement du colonialisme français.

---

[1]. Sous l'impulsion d'Abane Ramdane, le FLN ne veut pas reconnaître l'existence d'autres mouvements indépendantistes, en particulier le MNA dirigé par le vieux leader Messali Hadj, et se pose en interlocuteur unique.

Depuis la Révolution du 1ᵉʳ novembre 1954, la communauté israélite d'Algérie, inquiète de son sort et de son avenir, a été sujette à des fluctuations politiques diverses. Au dernier congrès mondial juif de Londres, les délégués algériens, contrairement à leurs coreligionnaires de Tunisie et du Maroc, se sont prononcés, à notre grand regret, pour la citoyenneté française [1]. Ce n'est qu'après les troubles colonialo-fascistes du 6 février au cours desquels sont réapparus les slogans anti-juifs, que la communauté israélite s'est orientée vers une attitude neutraliste [2]. Par la suite, à Alger notamment, un groupe d'Israélites de toutes conditions a eu le courage d'entreprendre une action nettement anti-colonialiste, en affirmant son choix raisonné et définitif pour la nationalité algérienne. Ceux-là n'ont pas oublié les troubles anti-juifs colonialo-fascistes qui, sporadiquement, se sont poursuivis en pogroms sanglants jusqu'au régime infâme de Vichy. (...)

Sans vouloir remonter très loin dans l'histoire, il nous semble malgré tout utile de rappeler l'époque où les Juifs, moins considérés que les animaux, n'avaient même pas le droit d'enterrer leurs morts, ces derniers étant enfouis clandestinement la nuit, n'importe où, en raison de l'interdiction absolue pour les Juifs de posséder le moindre cimetière. Exactement à la même époque, l'Algérie était le refuge et la terre de liberté pour tous les Israélites qui fuyaient les inhumaines persécutions de l'Inquisition. Exacte-

---

1. Le fait est exact, mais les juifs d'Algérie, dans leur immense majorité, avaient peu de choses à voir avec le Congrès juif mondial, d'obédience américaine, mal au courant des problèmes nord-africains. Il n'en demeure pas moins que, contre les positions américaines hostiles à la présence française en Algérie, Jacques Lazarus, représentant du judaïsme algérien, affirma que les juifs d'Algérie étaient Français.
2. Il est vrai que le sort réservé à Alger à Guy Mollet le 6 février 1956 inquiéta la communauté juive pour qui la France, la démocratie, le socialisme, étaient bafoués en leurs représentants les plus importants.

ment à la même époque, la communauté israélite avait la fierté d'offrir à sa patrie algérienne, non seulement des poètes, mais aussi des consuls et des ministres. (...)

C'est parce que le FLN considère les Israélites algériens comme les fils de notre patrie qu'il espère que les dirigeants de la communauté juive auront la sagesse de contribuer à l'édification d'une Algérie libre et véritablement fraternelle. Le FLN est convaincu que les responsables comprendront qu'il est de leur devoir et de l'intérêt bien compris de toute la communauté israélite de ne plus demeurer « au-dessus de la mêlée », de condamner sans rémission le régime colonial français agonisant, et de proclamer leur option pour la nationalité algérienne.

Salutations patriotiques. Quelque part en Algérie, le 1er octobre 1956

Réponse de responsables de la communauté juive, novembre 1956. Déclaration du Comité Juif Algérien d'Études Sociales sur la situation en Algérie.

Divers articles de presse prétendant se référer à la position de la collectivité israélite d'Algérie dans la conjoncture présente donnent l'occasion au Comité Juif Algérien d'Études Sociales de rappeler quelques données de fait et d'exprimer quelques principes en faisant la déclaration suivante :

La collectivité israélite d'Algérie qui comprend un certain nombre de cultuelles et d'associations, dont les activités s'exercent dans le domaine du culte, de l'assistance, de la culture, ainsi qu'en faveur de diverses œuvres sociales, ne constitue en aucune façon et n'a jamais prétendu constituer une entité politique. Le rabbinat et les consistoires sont des institutions à caractère strictement confessionnel et ont pour objet exclusif l'exercice du culte et la gestion administrative des intérêts religieux de la collectivité juive algérienne. C'est donc une erreur de vouloir faire croire à l'opinion que ces associations pourraient ou voudraient prétendre exprimer l'opinion générale de la collectivité israélite. En outre, aucun organisme juif non confessionnel, ni aucune personnalité juive ne peut prétendre parler au nom d'une collectivité qui compte dans son sein, à l'image des autres groupes ethniques, tout un éventail d'opinions.

En effet, les Israélites d'Algérie ont suffisamment de maturité politique et professent en ce domaine des opinions si divergentes les unes des autres, qu'il est impossible de les soumettre à des mots d'ordre collectifs sur une matière qui relève de la conscience de chacun et où toutes prises de position ne peuvent être que strictement personnelles. Cependant, nous pensons ne pas nous écarter de cette ligne générale en proclamant, conformément aux grands principes du judaïsme, notre vœu ardent de voir la paix rétablie et notre désir que les droits de l'homme soient assurés sur la base de l'éminente dignité de toute personne humaine.

En tant que membres d'une collectivité qui a particulièrement souffert de l'humiliation, de la persécution et du racisme, et au nom d'une religion qui a toujours fait de la justice et de l'égalité entre les hommes une exigence absolue, nous demeurons inébranlablement attachés à ces principes.

En ces heures particulièrement dramatiques où le fossé s'est dangereusement élargi entre les différents éléments de la population en Algérie, les juifs, installés en ce pays depuis plus de deux mille ans, profondément reconnaissants à la France, à laquelle ils doivent tant, attachés à cette terre que leurs activités se sont toujours efforcées de faire prospérer, entendent rester fidèles à la vocation qui les fait également proches des deux autres communautés religieuses, musulmane et chrétienne. Leur ferme espoir est de continuer à vivre en étroite amitié avec toutes deux.

En ce qui concerne la communauté musulmane, et en dépit de l'injuste tribut payé par trop de nos coreligionnaires, innocentes victimes tombées ces derniers mois, nous nous devons de rendre hommage à la correction, voire à la cordialité, qui ont habituellement marqué les relations judéo-musulmanes en Algérie, et particulièrement à l'époque de Vichy.

Les événements qui se déroulent actuellement au Moyen-Orient ne doivent pas altérer les sentiments qui existent ici entre Israélites et Musulmans. Nous tenons à ce propos, à souligner que, vis-à-vis de la collectivité musulmane, les principes qui ont inspiré dans le passé l'attitude et l'action des organisations juives d'Algérie ont été rappelés dès 1944 et réitérés en 1952 par un des leurs, l'éminent et regretté professeur Raymond Bénichou qui, traduisant le sentiment général, s'exprimait ainsi : « Aussi haut que les dirigeants responsables des destinées de la France voudront élever les populations musulmanes, aussi grande sera la satisfaction des populations d'origine juive de notre pays. »

C'est pourquoi, appelant de tous nos vœux un règlement pacifique de ce conflit douloureux, nous souhaitons ardemment une solution de justice qui assurerait la liberté et l'égalité entre tous les habitants de ce pays.

Juifs d'Algérie, chronologie sommaire (1830-2005)

Présence de communautés juives en Algérie plusieurs siècles avant l'islam.

1830 : Arrivée française en Algérie, la communauté juive est estimée à 25 000 personnes.

24 octobre 1870 : Décret Crémieux accordant aux juifs d'Algérie la nationalité française. Rapide assimilation, distance à l'égard des pratiques religieuses traditionnelles.

1881-1931 : Triplement de la population juive d'Algérie (30 000 personnes en 1851), concentrée dans les régions d'Oran, Alger et Constantine ainsi que dans le Mzab.

5 août 1934 : Émeutes à Constantine, affrontements entre les communautés juive et musulmane, 25 morts juifs et 2 musulmans.

7 octobre 1940 : Abrogation par le régime du maréchal Pétain du décret Crémieux.

30 octobre 1940 : Début des lois discriminatoires de Vichy sur le statut des juifs.

2 juin 1941 : Loi interdisant aux juifs des fonctions et des professions et fixant un *numerus clausus* dans l'enseignement. Les juifs sont alors 111 021 de nationalité française et 6 625 de nationalité étrangère, en Algérie.

Septembre 1941 : Les anciens combattants juifs se plaignent auprès du commissaire général aux Questions juives d'être exclus de l'armée française.

8 novembre 1942 : Débarquement anglo-américain en Afrique du Nord. Organisation de la résistance par 377 insurgés d'Alger, dont 80 % sont juifs, qui favorise le débarquement américain. Des insurgés juifs sont arrêtés et déportés dans des camps de travail forcé.

17 novembre 1942 : Promesse du général Eisenhower d'abolir les lois raciales à la libération.

Fin 1942 : Assassinat de l'amiral Darlan. Luttes de pouvoir à Alger.

14 mars 1943 : Le général Giraud abroge une deuxième fois le décret Crémieux et donne un délai de trois mois pour son application qui empêche les juifs de participer à la libération de la France. Les soldats israélites remobilisés sont relégués au Maroc ou dans le Sud algérien.

20 octobre 1943 : Remise en vigueur du décret Crémieux, fin des discriminations.

1951 : 4 000 juifs d'Algérie se rendent en Israël.

1953 : Sur 28 000 juifs à Alger, 2 000 à 3 000 envoient leurs enfants dans les écoles confessionnelles.

1er novembre 1954 : Insurrection algérienne au nom du FLN. Neutralité de la majorité de la communauté juive.

Août 1955 : Insurrection générale dans le Constantinois au nom du FLN, victimes juives. Des juifs « progressistes » et communistes favorables aux indépendantistes algériens sont assignés à résidence dans des camps d'internement ou expulsés.

Juin 1956 : Arrivée en Algérie de juifs marocains clandestins qui veulent se rendre en Israël.

Octobre 1956 : Appel du FLN au grand rabbin d'Algérie demandant que les juifs affirment leur appartenance à la nation algérienne.

Novembre 1956 : Le Comité juif algérien d'études sociales, se déclarant apolitique, met en avant des positions strictement individuelles et appelle à un

règlement pacifique du conflit entre la France et les Algériens.
24-31 janvier 1960 : Participation de membres de la communauté juive à la « semaine des barricades » pour la défense de l'Algérie française.
11 novembre 1960 : Incidents à Oran, cimetière juif profané, échauffourées, affrontements entre membres des communautés musulmane et juive.
12 décembre 1960 : Saccage de la grande synagogue d'Alger.
22 juin 1961 : Assassinat de Cheikh Raymond à Constantine.
18 août 1961 : Nuit bleue à Oran, attentats, victimes.
Septembre 1961 : Un père de famille juif assassiné devant une synagogue d'Oran, émeutes et affrontements entre communautés juive et musulmane.
18 mars 1962 : Les juifs sont assimilés aux Français dans les accords d'Évian.
Avril-juin 1962 : Départs en masse des Européens, dont 110 000 juifs.
5 juillet 1962 : Indépendance de l'Algérie.
Octobre 1962 : 25 000 juifs décident de rester en Algérie dont 6 000 à Alger.
1971 : Il ne reste plus que 1 000 juifs en Algérie.
1982 : Il ne reste plus que 200 juifs en Algérie.
1992-1994 : Départ des derniers juifs à la suite de la guerre civile algérienne.
5 juillet 1999 : Discours d'Abdelaziz Bouteflika aux juifs de Constantine.
2000 : Annulation de la tournée d'Enrico Macias en Algérie.
Mars 2005 : Rencontre de 2 000 juifs du Constantinois à Jérusalem.

Bibliographie

Histoire. Livres et articles

ABITBOL, Michel, *Les Juifs d'Afrique du Nord sous Vichy*, Paris, Maisonneuve et Larose, 1983, 220 pages.

AGERON, Charles-Robert, *Histoire de l'Algérie contemporaine*, Paris, Presses universitaires de France, 1979, 643 pages.

ALLOUCHE, Jean-Luc, et LALOUM, Jean (dir.), *Les Juifs d'Algérie, images et textes*, Paris, Éditions du Scribe, 1987, 332 pages.

ALLOUCHE-BENAYOUN, Joëlle, et BENSIMON, Doris, *Juifs d'Algérie, hier et aujourd'hui. Mémoires et identités*, Toulouse, Privat, 1989, 290 pages.

ANSKY, Michel, *Les Juifs d'Algérie, du décret Crémieux à la Libération*, Paris, CDJC, 1950, 250 pages.

AOUATE, Yves-Claude, « Dans la zone des tempêtes, les Juifs d'Algérie à la veille de la Seconde Guerre mondiale », *Les Cahiers de la Shoah*, p. 141-155.

AOUATE, Yves-Claude, « Notes et observations sur une histoire en construction », *Archives juives, revue d'histoire des juifs de France*, n° 29, 1er semestre 1996, p. 55-65.

ASSAN, Valérie, « L'exode des Juifs de Mascara, un épisode de la guerre entre Abd el-Kader et la France », in *Archives juives, revue d'histoire des juifs de France*, n° 38, 2e semestre 2005, p. 7-27.

Assaraf, Robert, *Une certaine histoire des Juifs du Maroc*, Paris, Jean-Claude Gawsewitch, 2005, 805 pages.

Attal, Robert, *Les Émeutes de Constantine, 5 août 1934*, Paris, Romillat, 2002, 215 pages.

Attal, Robert, *Regards sur les Juifs d'Algérie*, Paris, L'Harmattan, 1996, 254 pages.

Attias, Jean-Christophe, et Benbassa, Esther, *Dictionnaire de la civilisation juive*, Paris, Larousse, 1997, 345 pages.

Ayoun, Richard, *Typologie d'une carrière rabbinique en France et en Algérie au XIXe siècle, l'exemple de Mahir Charleville*, thèse de doctorat d'histoire, EHESS, 1990, 5 volumes, 3 406 pages, travail publié aux Presses universitaires de Nancy, préface de Pierre Chaunu, 1993, 1 004 pages.

Ayoun, Richard, et Cohen, Bernard, *Les Juifs d'Algérie, 2 000 ans d'histoire*, Paris, J.-C. Lattès, 1982, 260 pages.

Ayoun, Richard, « Les Juifs d'Algérie pendant la guerre d'indépendance », *Archives juives, revue d'histoire des juifs de France*, n° 29, 1er semestre 1996.

Bahloul, Joëlle, *Le Culte de la table dressée, rites et traditions de la table juive algérienne*, Paris, Métailié, 1983, 304 pages.

Bahloul, Joëlle, *La Maison de mémoire, ethnologie d'une demeure judéo-arabe en Algérie (1937-1961)*, Paris, Métailié, 1992, 247 pages.

Baida, Jamaa, « La presse juive au Maroc entre les deux guerres », *Hespéris Tamuda*, Faculté des lettres et sciences humaines de Rabat, vol. XXXVII, 1999, p. 171-191.

Baussant, Michèle, *Pieds-Noirs mémoires d'exils*, Paris, Stock, 2002, 463 pages.

Bellange, Norbert, *Les Juifs de Mostaganem*, Paris, L'Harmattan, 1988, 300 pages.

Bellange, Norbert, *Quand Vichy internait ses soldats juifs d'Algérie*, Paris, L'Harmattan, 2005, 312 pages.

Ben Isti, Solange, *Juifs de la steppe et du désert. Monographie sur les communautés juives de Tiaret et d'Aflou ou d'Algérie*, Nice, Gandini, 2004, 268 pages.

BENSIMON, Doris, «Mutations sociodémographiques aux XIXe et XXe siècles», *Histoire*, n° 3, novembre 1979, Paris, Hachette, p. 200-210.

BIRNBAUM, Pierre, *Les Fous de la République, histoire politique des Juifs d'État, de Gambetta à Vichy*, Paris, Fayard, 1992, 510 pages.

BOULOUQUE, Clémence, et SERFATY, Nicole, *Juives d'Afrique du Nord. Cartes postales (1885-1930)*, Saint-Pourçain-sur-Sioule, Bleu autour, 2005, 140 pages.

CABANEL, Patrick, *Juifs et protestants en France, les affinités électives*, Paris, Fayard, 2006, 380 pages.

CANTIER, Jacques, *L'Algérie sous le régime de Vichy*, Paris, Odile Jacob, 2002, 395 pages.

CHEMOUILLI, Henri, *Une diaspora méconnue, les Juifs d'Algérie*, Paris, compte d'auteur, 1976, 327 pages.

CHENOUF, Aïssa, *Les Juifs d'Algérie, 2000 ans d'existence*, Alger, El Maarifa, 1999, 192 pages.

CHERKI, Alice, «Alger, la capitale», in Jean-Luc Allouche et Jean Laloum (dir.), *Les Juifs d'Algérie, images et textes*, Paris, Scribe, 1987, pages 49 à 79.

CHOURAQUI, André, *La Saga des Juifs d'Afrique du Nord*, Paris, Hachette, 1972, 395 pages.

COHEN Érik H. (dir.), *Les Juifs de France, valeurs et identités*, Paris, Éditions FSJU, 2002, 23 pages.

COHEN, Martine, et FERRAN, Paule, *Une approche du judaïsme laïque en France*, Paris, Fondation Posen, avril 2004, CNRS, 142 pages.

DERMENDJIAN, Geneviève, *La Crise antijuive oranaise, 1895-1905*, Paris, L'Harmattan, 1985, 270 pages.

DUGAS, Guy, *La Littérature judéo-maghrébine d'expression française, entre Djha et Cagayous*, Paris, L'Harmattan, 1991, 287 pages.

EISENBETH, Maurice, *Les Juifs de l'Afrique du Nord, démographie et onomastique*, Alger, 1936, réédition, Paris, La Lettre séfarade, 2000, 189 pages.

EISENBETH, Maurice, grand rabbin d'Alger, «Les Juifs, esquisse historique depuis les origines jusqu'à nos jours», in Eugène Guernier (dir.), *L'Encyclopédie coloniale et maritime*, Paris, Éd. de l'Encyclopédie de l'Empire français, 1948, p. 143-158.

GAMRASNI, Mickaël, *La Minorité juive algérienne face à la guerre d'Algérie (1954-1962)*, mémoire de maîtrise, Université Paris-I, 2004, 250 pages.
GIRARD, Patrick, *La Révolution française et les Juifs*, Paris, Robert Laffont, 1989, 295 pages.
HAYOUN, Maurice-Ruben, *Les Lumières de Cordoue à Berlin, une histoire intellectuelle du judaïsme*, Paris, J.-C. Lattès, 1996, 512 pages.
JENNINGS, Éric, *Vichy sous les tropiques*, Paris, Grasset, 2004, 286 pages.
KENBIB, Mohammed, *Juifs et musulmans au Maroc, 1859-1948, contribution à l'étude des relations intercommunautaires en terre d'islam*, Faculté des Lettres et des Sciences humaines de Rabat, 1994, 756 pages.
LALOUM, Jean, « Sétif la fervente », in *Les Juifs d'Algérie, images et textes*, Paris, Éditions du Scribe, 1987, p. 154-159.
LALOUM, Jean, *Les Juifs dans la banlieue parisienne des années 20 aux années 50, Montreuil, Bagnolet et Vincennes à l'heure de la « Solution finale »*, préface d'André Kaspi, Paris, CNRS Éditions, 1998, 496 pages.
LAPIERRE, Nicole, *Le Silence de la mémoire, à la recherche des Juifs de Plock*, Paris, Le Livre de Poche/Biblio Essais, 2001.
MERDACI, Abdelmadjid, et METAÏR, Kouider, *Constantine, citadelle des vertiges*, Paris, Media Plus et Paris Méditerranée, Alger, Eddif, 2005, 182 pages.
MSELATTI, Henri, *Les Juifs d'Algérie sous le régime de Vichy*, préface de Benjamin Stora, Paris, L'Harmattan, 1999, 302 pages.
NADJARI, David, *Juifs en terre coloniale, le culte israélite à Oran*, Nice, Gandini, 2004, 168 pages.
RENOU-NATIVEL, Corinne, *Jean Daniel, 50 ans de journalisme, de* L'Express *au* Nouvel Observateur, Paris, Éditions du Rocher, 2005, 510 pages.
PLANCHE, Jean-Louis, *Sétif 1945*, Paris, Perrin, 2006, 422 pages.
REGGUI, Marcel, *Les Massacres de Guelma, Algérie, mai 1945. Une enquête inédite sur la furie des milices coloniales*, Paris, La Découverte, 2006, 167 pages.

RODRIGUE, Aron, *De l'instruction à l'émancipation, les enseignants de l'Alliance israélite universelle et les Juifs d'Orient*, Paris, Calmann-Lévy, 1989, 342 pages.

SCHOR, Ralph, *L'Antisémitisme en France dans l'entre-deux-guerres. Prélude à Vichy*, Bruxelles, Complexe, 2005, 380 pages.

SCHROETER, J. Daniel, *Juifs parmi les Berbères*, photographies d'Elias Harrus, Paris, Musée d'Art et d'Histoire du Judaïsme, 1999, 148 pages.

SCHWARZFUCHS, Simon, *Les Juifs d'Algérie et la France (1830-1855)*, Jérusalem, Institut Ben-Zvi, 1981, 400 pages.

SEBAG, Paul, *Histoire des Juifs de Tunisie, des origines à nos jours*, Paris, L'Harmattan, 1991, 335 pages.

STORA, Benjamin, *Histoire de l'Algérie coloniale, 1830-1954*, Paris, La Découverte, coll. « Repères », 2004, 128 pages.

SULTAN, Mylène, « La synthèse impossible », in Jean-Luc Allouche et Jean Laloum (dir.), *Les Juifs d'Algérie, images et textes*, Paris, Éditions du Scribe, 1987, p. 42-48.

TAYEB, Jacques, et TAPIA, Claude, « Portrait d'une communauté », *Les Nouveaux Cahiers*, n° 29, 1972, p. 49-61.

TAPIA, Claude, *Les Juifs séfarades en France (1965-1985), études psychosociologiques et historiques*, Paris, L'Harmattan, 1986, 410 pages.

TRIGANO, Schmuel (dir.), *L'Identité des Juifs d'Algérie*, Paris, Éditions du Nadir, 2003, 216 pages.

WERNDORFER, Gilbert, *Juifs d'Algérie*, Paris, Soline, 2003, 158 pages.

YANA, Martine, *Trésors de la table juive*, Nice, Gandini, 2005, 448 pages.

WINOCK, Michel, *La France et les Juifs de 1789 à nos jours*, Paris, Le Seuil, coll. « Points Essais », 2005, 408 pages.

ZYTNICKI, Colette, « Du rapatrié au séfarade. L'intégration des Juifs d'Afrique du Nord dans la société française : essai de bilan », *Archives juives, revue d'histoire des Juifs de France*, n° 38, 2ᵉ semestre 2005, p. 55-65.

Mémoires. Autobiographies. Biographies

AKOUN, André, *Né à Oran, autobiographie en troisième personne*, Paris, Bouchène, 2004, 144 pages.
ALIMI, Jannick, *Le Fantôme de Constantine*, Paris, Gilbert Wendorfer, 2003, 184 pages.
ALLOUCHE, Jean-Luc, *Les Jours innocents*, Paris, Lieu commun, 1984, 167 pages.
AMSALLEM, Claude, *Peuple de la paix*, tome 2, *Chroniques d'un Français judéo-berbère, 1945-1970. Récits personnels*, Valbonne, Corollys, 2002, 222 pages.
ARCADY, Alexandre, *Le Petit Blond de la Casbah*, Paris, Plon, 2003, 188 pages.
BENSIMON, Guy, *Soleil perdu sous le pont de Constantine. Une enfance à Constantine*, Paris, L'Harmattan, 2001, 234 pages.
BENSOUSSAN, Albert, *L'Échelle de Mesrod, ou parcours algérien de mémoire juive*, Paris, L'Harmattan, coll. « Écritures arabes », 1984, 206 pages.
BENSOUSSAN, Albert, *L'Échelle séfarade*, Paris, L'Harmattan, coll. « Écritures arabes », 1993, 172 pages.
CALMETTES, Gérard, *Enrico Macias, rien que du bleu*, Paris, Christian Pirot, 2005, 158 pages.
CHOURAQUI, André, *Chronique de Baba, lettres d'Abraham Meyer, mon grand-père, à ses fils. 1914-1918*, Paris, Bibliophane-Radford, 2000, 389 pages.
CIXOUS, Hélène, *L'Ange au secret*, Paris, Éditions des Femmes, 1991, 257 pages.
DANA, Catherine, « Le château de ma mère, le retour », in Paul Balta, Catherine Dana, Régine Dhoquois-Cohen (dir.), *La Méditerranée des Juifs, exodes et enracinements*, Paris, L'Harmattan, 2003, p. 267-279.
DANIEL, Jean, *Le temps qui reste*, Paris, Stock, 1973, 250 pages.
DANIEL, Jean, *Le Refuge et la Source*, Paris, Grasset, 1977, 128 pages.
GHRENASSIA, Sylvain, « L'Algérie, une musique », in Monique Ayoun et Jean-Pierre Stora (dir.), *Mon Algérie*, Paris, Acropole, 1989, p. 92-95.

Halimi, Gisèle, *Le Lait de l'oranger*, Paris, Pocket, 2001, 439 pages.

Hanin, Roger, « À la Casbah d'Alger, on était riche de notre amour », *Paris-Match*, 24 novembre 2005.

Hannoun, Hubert, *Juif converti au judaïsme, chanson d'une enfance*, manuscrit inédit, 90 pages ronéo.

Iancou-Agou, Danièle, « Djelfa de mon enfance », in Jean-Luc Allouche et Jean Laloum (dir.), *Les Juifs d'Algérie, images et textes*, Paris, Éditions du Scribe, 1987, p. 168-171.

Rubinstein, Katia, *Mémoire illettrée d'une fillette d'Afrique du Nord à l'époque coloniale*, Paris, Stock, 1979, 342 pages.

Stora, Benjamin, *La Dernière Génération d'Octobre*, Paris, Stock, 2003, 271 pages.

Stora, Marthe, « Constantine-Sartrouville, 1918-1993 », propos recueillis par Leïla Sebbar, *Esprit*, mars 1993.

Stora, Fernande, *L'Algérie pour mémoire*, Paris, Guy Authier, 1978, 240 pages.

Timsit, Daniel, *Algérie, récit anachronique*, Paris, Bouchène, 1999.

Timsit, Daniel, *Suite baroque, histoires de Joseph, Slimane et les nuages*, Paris, Bouchène, 1999, 189 pages.

Zerdoun, Monique, *Rue de la mémoire fêlée*, Paris, Albin Michel, 1990, 253 pages.

Archives

Bulletin de la Fédération des Sociétés juives d'Algérie, collection complète, 1934-1950.

Colloque sur le judaïsme algérien, Université Ben-Gourion, 5 juillet 1986, actes non publiés, document ronéotypé, 120 pages.

Préfecture de Constantine. Service des questions juives et des sociétés secrètes, 1940-1943, Centre des Archives d'Outre-Mer (CAOM), Aix-en-Provence. FR CAOM 93/3 G1 à 38. Répertoire numérique détaillé établi par André Brocher, conservateur du patrimoine.

Mémoires d'Émile Morinaud, député-maire de Constantine, *Première campagne contre le décret Crémieux*, Archives du département de Constantine, 1941, Éd. Baconnier, 382 pages.

Index

Abbas, Ferhat : 67, 79, 97, 104, 107, 108, 112, 114, 115, 159, 160.
Aboulker, Henri : 69, 117.
Aboulker, José : 95, 116, 117.
Ageron, Charles-Robert : 77, 85, 96, 105, 135.
Akoun, André : 123.
Alger (ville) : 11, 12, 19, 25-28, 30, 31, 33-36, 40, 41, 45, 48, 50, 53, 58, 69, 76, 80, 85, 87-89, 91, 95, 96, 98, 100, 101, 108, 110, 111, 116, 122, 124, 129, 130, 133, 136, 138, 141, 142, 148, 150, 151, 155, 156, 162, 165, 167, 168, 171, 177, 198, 201, 204, 217-219.
Alibert, Raphaël : 193-195.
Allouche, Félix : 120.
Allouche, Jean-Luc : 141.
Altaras, Jacques Isaac : 36, 43.

Amar : 39.
Ansky, Michel : 88.
Arcady, Alexandre : 167.
Assouline, Benjamin : 122, 173.
Aubaud, Raoul : 77.
Avnery, Ury : 154.
Aziza, Isaac : 140.
Bacri (famille) : 29.
Bacri : 40, 41.
Bacri, Jacob : 34.
Bahloul, Joëlle : 118.
Bar-Tsion, Yossele : 122.
Barzilaï, Avraham : 152, 153.
Baudicourt, Louis de : 48.
Baudoin, Paul : 193.
Belin, René : 193.
Belkacem, Krim : 154.
Bellat, Paul : 79.
Ben Badis, Abdelhamid : 61, 85.
Ben Bella, Ahmed : 155.
Ben Sari, Larbi : 176.

Ben Suleiman, Ishaq : 33.
Ben Tamin : 33.
Bendjelloul, Mohammed (docteur) : 61, 67.
Benhoura, Mohamed : 69.
Bénichou, Raymond : 60, 63, 69, 146, 215.
Benkhedda, Benyoucef : 154.
Benyahia, Mohamed : 160, 161.
Bernier, Henri : 69.
Bestandji, Abdelkrim : 135.
Bey, Ahmed : 166.
Bey, Salah : 28, 33.
Birnbaum, Pierre : 76.
Blond-Blond : 176.
Blum, Léon : 66, 77.
Boniche, Lili : 176.
Boudiaf, Mohamed : 155.
Boumendjel (famille) : 106.
Boumendjel, Ahmed : 105, 106, 160, 161.
Boumendjel, Ali : 162.
Bourdieu, Pierre : 90.
Bourges, Henri de : 111.
Bourmont, comte de : 34, 41.
Bouteflika, Abdelaziz : 176, 219.
Bouthillier, Yves : 193.
Brochier, André : 19.
Bugeaud (général) : 36, 38, 39.
Busnach : 29, 39, 40.

Cahen (rabbin) : 32.
Calmettes, Gérard : 125.
Camus, Albert : 69, 140, 150, 151.
Cantier, Jacques : 19, 87.
Casanova : 58.
Caziot, Pierre : 193.
Chakleb, Omar : 135.
Charles X : 35.
Chaze, Lucien : 59.
Chemouilli, Henri : 144, 145, 156, 163, 164.
Chenouf, Aïssa : 32, 107.
Cherchell (ville) : 11, 30, 55.
Cheurfi, Achour : 32, 33.
Chiche, David : 148.
Chouchana, Emmanuel : 21, 55, 56, 120, 121.
Choukroun, Henri : 161.
Choukroun, Maxime : 63.
Choukroun, Moïse : 163.
Chouraqui, André : 27, 53.
Cixous, Hélène : 14.
Clark, Mark Wayne : 95.
Clauzel (maréchal) : 41.
Cohen, Joseph : 36, 43, 111.
Constantine (ville) : 18-21, 26, 27, 30-33, 36, 45, 50, 56, 58, 61, 62, 67, 73, 76, 78, 84-86, 91, 100, 110, 111, 118-122, 125, 130, 135, 136, 138-140, 152-154, 159, 166, 168, 170, 176, 177, 198, 201, 217, 219.

Crémieux, Adolphe : 48, 51-53.
Crémieux (décret) : 13, 14, 19, 21, 26, 36, 48, 53-55, 57, 58, 60, 63, 67, 75, 78-81, 90-92, 96-103, 106, 107, 123, 124, 132, 134, 180, 188, 193, 198, 200, 201, 217, 218.
Daniel, Jean : 14, 57, 133, 134, 149-151, 160, 161.
Daoud, Sultana (dite Reinette l'Oranaise) : 176.
Darlan, François (amiral) : 95, 193, 218.
Derkh, Shlomo : 154.
Derrida, Jacques : 9, 14, 89, 90, 103.
Desmichels (général) : 39.
Desmichels (traité) : 39.
Doriot, Jacques : 79, 80.
Douran : 29, 41.
Dreyfus (affaire) : 58, 67.
Drumont, Édouard : 58, 164.
Dubois-Thionville (consul) : 40.
Duval (général) : 113.
Eisenbeth, Maurice : 20, 69, 85, 101, 124, 137.
Eisenhower (général) : 218.
El Anka, Mohamed : 176.
El Djezzar : 33.
El Okbi, Tayeb : 69, 106.
El-Kader, Abd : 39, 42.
Enkaoua, Éphraïm : 33.

Évian (accords) : 130, 163, 166, 167, 219.
Flapan, Simha : 154.
Fourichon (amiral) : 48.
Friedman, Éphraïm : 122.
Gambetta, Léon : 48.
Gaulle, Charles de : 94, 95, 99-103, 117, 148, 149, 155, 204.
Ghenassia, Daniel : 21.
Giraud (général) : 95, 96, 98-100, 103, 204, 218.
Glais-Bizoin, Alexandre : 48.
Gnancia, Sylvain : 159.
Godard (colonel) : 162.
Goldman, Nahum : 69.
Goldman, Pierre : 159.
Gozlan, Élie : 20, 63, 67-70, 115, 116, 205.
Granel, Gérard : 89.
Grégoire, François : 58.
Guenassia, Jean : 164.
Hadj, Messali : 64, 104, 105, 112, 211.
Halimi, Ilan : 181.
Halimi, Sidi Fredj : 46.
Hannoun, Hubert : 56, 57.
Hanoun, Lucien : 165.
Havilio, Shlomo : 152, 153.
Hazan, Avraham : 21, 30, 55, 94, 95, 99, 132, 133.
Herzl, Théodore : 120.
Hitler, Adolf : 78, 151.

Hugo, Charles : 52.
Hugo, Victor : 52.
Huntziger (général) : 193.
Jabotinsky, Vladimir : 120.
Jouffa, Yves : 158.
Kaddache, Mahfoud : 113.
Kahéna (la) : 11.
Kaufer, Rémi : 164.
Khenchela (ville) : 16-18, 20, 84, 86, 160.
Krivine : 159.
Laloum, Jean : 10, 111, 115.
Lamarre-Stora, Annie : 81.
Lamoudi, Lamine : 115, 116.
Landau, Max : 120.
Laval, Pierre : 193.
Lazarus, Jacques : 141, 142, 145.
Le Hon, Léopold : 50.
Lévy, Adolphe : 162.
Lévy, Sylvain : 119.
Lévy, William : 162.
Loufrani, Georges : 145.
Loufrani, Marcel : 69.
Louis-Philippe : 35.
Macias, Enrico : 125, 135, 159, 176, 219.
Mahir, Charleville : 46, 48.
Makaci, Kaddour : 64-66.
Marrus, Michael : 87.
Medioni, Saoud : 176.
Molle, Jules : 59, 78.
Mollet, Guy : 142, 154.

Morinaud, Émile : 58, 61, 91.
Napoléon III : 48, 49, 156.
Narboni, André : 63, 69, 145, 147.
Nasser : 151, 152, 155.
Ollivier, Émile : 50, 51.
Omar II : 31.
Oran (ville) : 28, 35, 36, 41, 45, 48, 58, 59, 76, 78, 85, 91, 95, 100, 111, 122, 123, 130, 136, 138, 156, 161, 163, 165, 168, 198, 201, 217, 219.
Oualid, William : 119.
Parienty, Francis : 21.
Paxton, Robert : 87.
Pétain, Philippe : 80, 81, 91, 92, 95, 101, 104, 107, 109, 112, 117, 134, 157, 193-195, 198, 217.
Peyrouton, Marcel : 81, 96, 97, 107, 193-195.
Pinaud : 65.
Planche, Jean-Louis : 116.
Poujade (mouvement) : 109.
Ramdane, Abane : 211.
Raymond, Leiris (dit Cheikh Raymond) : 135, 159, 176, 219.
Reggui, Marcel : 107, 114, 115.
Régis, Max : 58, 65, 164.

Ribach (Isaac Bar Checheth, dit Barfat) : 29.
Rochefort, Henri : 58.
Rosfelder, André : 150, 151.
Rouze, Michel : 101.

Saint-Arnaud : 38.
Sarlande, Jean Jules : 50.
Scelles-Millie, Jean : 69.
Schuller, Didier : 158.
Schwarzfuchs, Simon : 44.
Seban (docteur) : 120.
Sebbar, Leila : 21, 62.
Serror, Lucien : 34.
Sesac Ier : 11.
Shaler (consul) : 40.
Shaprut, Ibn : 32.
Sirat, René : 21, 144, 167, 168, 173, 174.
Skandrani, Mustapha : 176.
Soucy, Gaston : 63.
Soult (maréchal) : 35.
Stora, Benjamin : 86.
Stora, Élie : 17, 160.
Stora, Marthe : 62, 159, 170.
Stora, Raphaël : 16, 17.
Stora (famille) : 18.

Tafna (traité) : 39.
Teboul, Fernand : 63.
Timsit, Daniel : 133, 166.
Titus : 11.

Valero : 65.
Valin, Louis : 19.
Vallat, Xavier : 111.
Vichy (régime) : 13, 19, 62, 69, 71, 75, 80-82, 85, 87, 89, 90, 92-94, 96, 99, 101, 104-110, 119, 124, 125, 132, 143, 146, 157, 158, 164, 171, 174, 175.

Weygand, Maxime (général) : 81, 117.
Wimpffen (général) : 50.
Wise, Stephen : 69.

Zaoui, Amar : 26.
Zaoui, Benjamin : 25.
Zaoui (famille) : 18.
Zerbib, Itzhak : 21, 46.
Zerbib, Rina : 25.
Zermati, David : 162.

Table des matières

Retours 9

PREMIER EXIL
La séparation

La situation à la veille de la conquête française ... 27
L'attitude ambivalente des premiers
   militaires français 34
Juifs et musulmans en 1830 40
La volonté de francisation 42
Le décret Crémieux 48
Le processus d'assimilation 53
Un accueil plus que mitigé de la cité française 57
Affrontements et rapprochements
   avec les musulmans 60

DEUXIÈME EXIL
Vichy et l'expulsion de la République

Campagnes contre le décret crémieux 75
L'abrogation 81
Réactions communautaires 90
Un lent retour dans la cité française 94
Vichy et les rapports judéo-musulmans 104
Un moment tragique, Sétif en 1945 110

La Palestine, Israël, le génocide
   de la Seconde Guerre mondiale 119
Le traumatisme du second exil 123

TROISIÈME EXIL
La guerre et l'indépendance

Partir : inimaginable ! 132
À la veille de la guerre, situations
   sociales et spatiales 136
Attentisme, attentats et appels du FLN 139
Suez, Israël, la dimension internationale 151
Le basculement pour le maintien
   de l'Algérie française 155
Le judaïsme de France et la guerre d'Algérie 157
Durcissement et violences intercommunautaires
Une bataille sur deux fronts ? 160
La sortie d'Algérie 165

Dans l'exil 171

Annexes

Les décrets 187
Textes d'Élie Gozlan sur les rapports
   judéo-musulmans (1936, 1946) 205
Textes sur la guerre d'Algérie 211
Juifs d'Algérie, chronologie sommaire
   (1830-2005) 217

Bibliographie 221
Index 229

Du même auteur

Messali Hadj, Pionnier du nationalisme algérien, Paris, Le Sycomore, 1982; Alger, Casbah, 1999.
Dictionnaire biographique de militants nationalistes algériens, 600 portraits, Paris, L'Harmattan, 1985.
Nationalistes algériens et révolutionnaires français au temps du Front Populaire, Paris, L'Harmattan, 1987.
Les Sources du nationalisme algérien. Parcours idéologiques. Origine des acteurs, Paris, L'Harmattan, 1988.
La Gangrène et l'oubli. La mémoire de la guerre d'Algérie, Paris, La Découverte, 1991; réédition en poche La Découverte, 1998.
Histoire de l'Algérie coloniale (1830-1954), Paris, La Découverte, «Repères», 1991; Alger, ENAL, 1994.
Histoire de la guerre d'Algérie (1954-1962), Paris, La Découverte, «Repères», 1991.
Ils venaient d'Algérie. L'immigration algérienne en France (1912-1992), Paris, Fayard, 1992.
Aide-mémoire de l'immigration algérienne, chronologie (1922-1962). Bibliographie, Paris, L'Harmattan, 1992.
Histoire de l'Algérie depuis l'indépendance (1962-1994), Paris, La Découverte, «Repères», 1994.
Ferhat Abbas, une utopie algérienne, avec Zakya Daoud, Paris, Denoël, 1995.
L'Algérie en 1995, Paris, Michalon, 1995.
Dictionnaire des livres de la guerre d'Algérie, Paris, L'Harmattan, 1996.
Appelés en guerre d'Algérie, Paris, Gallimard, 1997.
Imaginaires de guerre, Algérie-Vietnam, Paris, La Découverte, 1997; Alger, Casbah, 1998.
Algérie, formation d'une nation, suivi de *Impressions de voyage dans l'Est algérien*, Bayonne, Atlantica, 1998.
Le Transfert d'une mémoire, Paris, La Découverte, 1999; Alger, Casbah, 2001.
Les 100 Portes du Maghreb, avec Akram Ellyas, Alger, Casbah, 2000; Paris, Éditions de l'Atelier, 2000.
La Guerre invisible, Algérie, années 90, Paris, Presses de Sciences-Po, 2001; Rabat, Éditions Tarik Ibn Zyad, 2001; Alger, Chihab éditions, 2001.
Algeria, a short history, 1830-2000, Cornell University Press, États-Unis, 2001.

Algérie-Maroc, Histoires parallèles, destins croisés, Paris, Maisonneuve Larose, 2002 ; Casablanca, Tarik éditions, 2002 ; Alger, Barzakh éditions, 2002.
La Dernière Génération d'Octobre, Paris, Stock, « Un ordre d'idées », 2003.
Photographier la guerre d'Algérie, avec Laurent Gervereau, Éd. Marval, Paris, 2004.
La Guerre d'Algérie, fin d'amnésie, avec Mohammed Harbi (dir), Paris, Hachette poche, 2005.
Le Livre, mémoire de l'Histoire, Paris, Le Préau des collines, 2005.
Les Mots de la guerre d'Algérie, Toulouse, Presses universitaires du Mirail, 2006.

DANS LA MÊME COLLECTION

BAUSSANT, Michèle, *Pieds-noirs mémoires d'exils*, 2002.
BENSAÏD, Daniel, *Une lente impatience*, 2004.
BIRNBAUM, Jean, *Leur jeunesse et la nôtre*, 2005.
BONNAIN, Rolande, *L'Empire des masques*, 2001.
BOUJOT, Corinne, *Le Venin*, 2001.
BROUGÈRE, Gilles, *Jouets et compagnie*, 2003.
HEYMANN, Florence, *Le Crépuscule des lieux*, 2003.
JULLIEN, Vincent, *Sciences agents doubles*, 2002.
JULLIER, Laurent, *Hollywood et la difficulté d'aimer*, 2004.
KRACAUER, Siegfried, *L'Histoire – des avant-dernières choses*, 2006.
LAÉ, Jean-François, *L'Ogre du jugement*, 2001.
LAPIERRE, Nicole, *Pensons ailleurs*, 2004.
LEMONNIER, Pierre, *Le Sabbat des lucioles*, 2006.
LÖWY, Michael, *Franz Kafka rêveur insoumis*, 2004.
PLENEL, Edwy, *La Découverte du monde*, 2002.
ROBIN, Régine, *Berlin chantiers*, 2001. *La Mémoire saturée*, 2003.
SEGALEN, Martine, *Vie d'un musée, 1937-2005*, 2005.
STORA, Benjamin, *La Dernière Génération d'octobre*, 2003.
WARSCHAWSKI, Michel, *Sur la frontière*, 2002.

*Cet ouvrage a été composé
par Nord Compo (Villeneuve-d'Ascq)*

*Impression réalisée sur CAMERON par
BRODARD ET TAUPIN
La Flèche*

*pour le compte des Éditions Stock
31, rue de Fleurus, 75006 Paris
en décembre 2006*

Imprimé en France
Dépôt légal : décembre 2006
N° d'édition : 81963 – N° d'impression : 39348
54-07-5863-05/3